insel taschenbuch 2915
Giuseppe Verdi
Otello

OTELLO

Dramma lirico in vier Akten
von Arrigo Boito
Musik von Giuseppe Verdi

Herausgegeben von der
Staatsoper Unter den Linden
Insel Verlag

Text- und Bildredaktion: Ralf Waldschmidt

insel taschenbuch 2915
Erste Auflage 2001
Für diese Ausgabe:
© Insel Verlag Frankfurt am Main und Leipzig 2001
Alle Rechte vorbehalten,
insbesondere das der Übersetzung,
des öffentlichen Vortrags sowie der Übertragung
durch Rundfunk und Fernsehen, auch einzelner Teile.
Kein Teil des Werkes darf in irgendeiner Form
(durch Fotografie, Mikrofilm oder andere Verfahren)
ohne schriftliche Genehmigung des Verlages
reproduziert oder unter Verwendung elektronischer Systeme
verarbeitet, vervielfältigt oder verbreitet werden.
Hinweise zu dieser Ausgabe am Schluss des Bandes
Vertrieb durch den Suhrkamp Taschenbuch Verlag
Druck: Konkordia, Bühl
Printed in Germany

1 2 3 4 5 6 – 06 05 04 03 02 01

INHALT

William Shakespeare Sonett CXVI 8

Uwe Schweikert »Eine Oper ist kein Schauspiel«
   Verdis »Otello« – Endpunkt des *melodramma* 11

Ulrich Schreiber Verdi und Boito 27

Giuseppe Verdi Aus dem Briefwechsel zu »Otello« .. 32

Arrigo Boito Kommentiertes Personenverzeichnis
   zu »Otello« 57

Santiago – der Maurentöter................... 64

Paul Münch Das »Schokoladenprojekt« 68

Giovanni Battista Giraldi Cinzio
   Aus: Der Mohr von Venedig (1566) 82

Zeittafel zu »*Otello*« 91

Handlung 110

»Otello« – Wörtliche Übersetzung
   von Karl Dietrich Gräwe 113

Autoren der Originalbeiträge.................. 172
Literaturnachweise 173
Bildnachweise 175

Let me not to the marriage of true minds
Admit impediments: love is not love
Which alters when it alteration finds,
Or bends with the remover to remove.

Oh no! it is an ever-fixed mark
That looks on tempests and is never shaken;
It is the star to every wandering bark,
Whose worth's unknown although his height be taken.

Love's not Time's fool, though rosy lips and cheeks
Within his bending sickle's compass come;
Love alters not with brief hours and weeks,
But bears it out even to the edge of doom.

If this be error and upon me prov'd,
I never writ, nor no man ever lov'd.

WILLIAM SHAKESPEARE, SONETT CXVI

Nichts löst die Bande, die die Liebe bindet,
Sie wäre keine, könnte hin sie schwinden,
weil, was sie liebt, ihr einmal doch entschwindet;
und wäre sie nicht Grund, sich selbst zu gründen.

Sie steht und leuchtet wie der hohe Turm,
der Schiffe lenkt und leitet durch die Wetter,
der Schirmende, und ungebeugt vom Sturm,
der immer wartend unbedankte Retter.

Lieb' ist nicht Spott der Zeit, sei auch der Lippe,
die küssen konnte, Lieblichkeit dahin;
nicht endet sie durch jene Todeshippe.
Sie währt und wartet auf den Anbeginn.

Ist Wahrheit nicht, was hier durch mich wird kund,
dann schrieb ich nie, schwur Liebe nie ein Mund.

NACHDICHTUNG VON KARL KRAUS

Titelblatt einer Sondernummer der L'Illustration Italiana *anlässlich der Uraufführung 1887*

Uwe Schweikert

»EINE OPER IST KEIN SCHAUSPIEL«

Verdis *Otello* –
Endpunkt des *melodramma*

Schon früh hat Verdi die überkommenen Konventionen des romantischen italienischen *melodramma* als Fessel empfunden. Bereits während der Entstehung des *Ernani*, der ersten Oper, an deren Stoffwahl und Ausarbeitung des Librettos er entscheidend beteiligt war, hatte er 1843 – reichlich großsprecherisch – an Francesco Maria Piave geschrieben, in Zukunft am liebsten Texte vertonen zu wollen, die »mit allen Freiheiten behandelt sind und ohne dass die ›solite convenienze‹ [die gewohnten Regeln] respektiert wären«. Die Auseinandersetzung mit Dramen Shakespeares und Schillers in *Macbeth* (1847) und *Luisa Miller* (1849) sowie die ersten Erfahrungen mit der französischen *grand opéra* bei der Überarbeitung von *Jérusalem* (1847) dürften sein Unbehagen an den traditionellen Vorgaben und Produktionsbedingungen des italienischen Opernbetriebs noch verstärkt haben. Das konfektionsgeschneiderte Layout der szenischen wie musikalischen Disposition der Nummernoper mit ihrem Wechsel von kinetischen und kontemplativen Teilen wurde für den zu neuen Ufern der Menschendarstellung strebenden Komponisten darum mehr und mehr zu einem Zwangskorsett. Als Ideal schwebte ihm eine Oper aus einem Guss vor. »Wenn in den Opern« – schrieb er 1851, während der Arbeit am *Trovatore*, an den Librettisten Salvadore Cammarano – »weder Kavatinen noch Duette, Terzette, Chöre, Finali usw. usw. vorkämen, und die ganze Oper nichts als ein (wenn ich es so zu sagen wage) einziges Stück wäre, fände ich das vernünftiger und angemessener.« Die lange geplante und schließlich aufgegebene Vertonung von Shakespeares *King Lear* scheiterte wohl nicht zuletzt daran, dass Verdi sich offensichtlich außerstande sah, mit einem Schlag die »neue, große, von jeder Rücksicht unbeschwerte Form« (Brief an Cammarano vom 28. 2. 1850) zu finden, die ihm dafür die unerlässliche Voraussetzung schien.

Da ihm der revolutionäre Befreiungsschlag gegen die Konventionen versagt war, ging Verdi den evolutionären Weg. In den Werken seiner mittleren Periode, beginnend mit der »trilogia popolare« *Rigoletto* (1851), *Il trovatore* (1853) und *La traviata* (1853), hat er sich Schritt für Schritt vom dramaturgischen Schematismus des *melodramma* und damit von den formalen Spielregeln befreit, auf denen die italienische Oper seit den Tagen Rossinis beruhte. Jedes Werk besaß nun eine musikalisch-dramatische Einheit von unverwechselbarer Individualität – für Verdi verkörperte sie sich in der *tinta musicale*, der werkspezifischen Färbung eines Stücks. Mit dieser Entwicklung einher ging eine psychologische Vertiefung der Charaktere und, in eins damit auf der musikalischen Ebene, eine stete Verfeinerung von Harmonik und Instrumentation. Sie alle trugen zum unmittelbaren Ausdruck der von Verdi erstrebten dramatischen Wahrheit bei. Am Ende des langen, keinesfalls geradlinigen Weges standen mit *Don Carlos* (1867) und *Aida* (1871) zwei Meisterwerke, in denen es ihm unter den Bedingungen seiner Kunst gelungen ist, die *tableaux* der Massen- und Ballettszenen der französischen *grand opéra* mit der Individualdramaturgie des italienischen *melodramma* bruchlos zu einer Einheit zu verschmelzen. Das Vorbild war dabei Meyerbeer und nicht, wie schon die Zeitgenossen Verdi vorwarfen, Wagner. Denn trotz der außergewöhnlichen Stimmigkeit en gros und en détail ist selbst *Aida* kein strikt durchkomponiertes Musikdrama, sondern noch immer eine Nummernoper, in der die Sänger und nicht das Orchester im Mittelpunkt stehen. Über die einzelnen Formglieder, die sich zu einem kontinuierlichen musikalischen Fluss zusammenschließen, wölbt sich allerdings die einheitliche Anlage einer Szene, ja des gesamten Aktes.

Nach der *Aida* ist Verdi über mehr als ein Jahrzehnt als Opernkomponist verstummt, so dass die Versuchung groß war, die Vertonung von Shakespeares schwarzer Tragödie *Othello* als einen Neuanfang zu interpretieren. So hat der gefürchtete Wiener Kritiker Eduard Hanslick in seinem zwiespältigen Urteil über die *Otello*-Premiere dem Werk immerhin den »stimmungsvollen, ja ergreifenden Total-Eindruck eines in Musik aufgelösten Dramas« und damit »das instinktive, stetige Vorwärtsdrängen vom rein Musikalischen zum charakteristisch Dramatischen« zugebilligt. Der jüngere, für die intellektuelle Nobilitierung Verdis so bedeutsame Expressionist Franz Werfel dagegen sah im künstlerischen Fortschreiten »das kleinere Wunder gegenüber der Selbsttreue innerhalb des Fortschritts. Zwischen der Partitur des *Nabucco* und der des *Otello* ist kein wesenhafter Unterschied und kaum ein Unterschied im Formbekenntnis.«

Für Hanslicks Sicht von einem durchkomponierten musikalischen Drama spricht der unmittelbare Höreindruck, den eine musikalisch wie szenisch stimmige Aufführung von *Otello* stets noch auslöst, für Werfels zunächst schwer nachvollziehbares Urteil das tiefere Eindringen in die komplexe Anlage des Werkes. *Otello* – darüber herrscht Einigkeit – ist keine Literaturoper. Verdi vertont nicht, wie bald nach ihm Claude Debussy mit Maurice Maeterlincks *Pelléas et Mélisande* oder Richard Strauss mit Oscar Wildes *Salome*, den zwar eingestrichenen, im Übrigen aber strikt bewahrten Text einer Schauspielvorlage, sondern bedarf weiterhin eines Librettos und eines Librettisten. Dass er diesen in Arrigo Boito fand, gehört zu den Glücksfällen der Operngeschichte. Boitos künstlerische Ebenbürtigkeit und seine virtuose Verskunst dürfen freilich nicht darüber hinwegtäuschen, dass auch in diesem besonderen Falle noch immer die bewährten librettistischen Techniken greifen – nämlich Verknappung, Handlungszuspitzung und dramatische Kontrastierung. Immerhin, Boito und Verdi haben den Geist Shakespeares in

hohem Maße zu bewahren gewusst, das hebt *Otello* und *Falstaff* aus der Masse der Libretti nach Literaturvorlagen heraus.

Wesentlich für den Unterschied von Tragödie und Oper sind weder die drastischen Kürzungen – so wurde der erste, in Venedig spielende Akt der Vorlage ersatzlos gestrichen – noch die (allerdings heftigen) Akzentverschiebungen in den Charakteren von Otello, Desdemona und Jago, sondern einzig die weiterhin wirksamen operntypischen Voraussetzungen der Einbettung der Handlung in das Formmodell des *melodramma*. Dafür spricht schon, dass Boito im Libretto grundsätzlich den Kontrast zwischen *versi sciolti* und *versi metrici*, also zwischen in der Regel ungereimten Rezitativversen und gereimten Ver-

Für die Uraufführung an der Mailänder Scala schuf Alfredo Edel Kostümentwürfe, die sich um historische Genauigkeit bemühten (S. 14: Desdemona, S. 15: Otello, S. 18: Jago, S. 22/23: Entwürfe für Beinkleider, S. 24: Cassio).

sen der lyrischen Poesie, beibehält. Allerdings belebt er den Gegensatz durch zahlreiche Zwischenstufen subtilsten Grades – eine Vorgabe, der Verdi musikalisch durch eine gleichermaßen subtile Abstufung zwischen den Extremen der geschlossenen Form und dem traditionellen Rezitativ folgt. Dies gilt insbesondere für die graduellen Ausprägungen des melodischen Deklamierens im dramatischen Dialog. Selbst in den drei Duetten zwischen Otello und Desdemona wechseln sich wie im gesprochenen Drama Rede und Gegenrede ab, nur an wenigen Stellen kommt es zur Überlagerung der Stimmen.

»Eine Oper ist kein Schauspiel« – so Boito am 18. Oktober 1880 an Verdi –, »unsere Kunst lebt von Elementen, die die gesprochene Tragödie nicht kennt.« Sein Libretto rechnet darum mit musikalisch disponiblen Formen, ja führt sie zwingend herbei. Er selbst hielt seine Arbeit nicht zuletzt deswegen für gelungen, »weil sie reich an außerordentlichen lyrischen Situationen und vollkommen musizierbaren Formen und in allem und allem geeignet für die Anforderungen des *melodramma* sei«. Unter dem erklingenden Vollzug des Dramas, wie Verdis Partitur ihn festhält, zeichnet sich das Skelett einer formalen Anlage ab, das weitgehend den traditionellen Konventionen entspricht.

Die analytische Durchleuchtung macht die Zeichnung der formbildenden Modelle sichtbar. So enthält der erste Akt neben der *temporale* – der Sturmszene des Chors – und der Auftrittsarie Otellos noch den *brindisi* – das traditionelle Trinklied – und ein Liebesduett; der zweite Akt eine Arie, einen Huldigungschor, das *largo concertato* in Form eines Quartetts, einen *racconto* (Jagos strophische Traumerzählung) und – am überraschendsten – das Racheduett Otello/Jago in Gestalt einer schulgerechten *ca-*

baletta. Der dritte Akt enthält neben Duett und Terzett einen Monolog in Form einer Quasi-*romanza* und das gewaltige *pezzo concertato*, die umfänglichste und am dichtesten strukturierte Ensemble-Szene einer Verdi-Oper überhaupt; und der vierte Akt schließlich die *canzone* und *preghiera* Desdemonas und mit Otellos Schlussszene, man muss es so sagen, nochmals eine Art *rondò finale*, die der Titelfigur vorbehaltene abschließende Solo-Nummer, die der junge Verdi schon mit dem *Ernani* abgeschafft hatte. Für die meisten dieser Szenen findet sich in Shakespeares Drama keine Entsprechung; allerdings versteht es Boito, Bilder und Sätze aus Shakespeares Text so geschickt herauszubrechen, dass niemals der Eindruck von opernhafter Willkür entsteht. Die grandiose Chorintroduktion – um nur ein Beispiel zu geben – gewinnt er aus Shakespeares Hinweis auf den »großen Streit zwischen Himmel und Meer«.

Dieses Gedankenspiel wörtlich zu nehmen hieße gewiss, den Formbegriff einerseits und die formale Anlage andererseits zu überdehnen. Aber es demonstriert immerhin, dass beide Parteien gleichermaßen im Recht wie im Unrecht waren: die Hanslicks, die Verdi für den Fortschritt und die durchkomponierte Form in Anspruch nehmen wollte; und die Werfels, die im *Otello* nochmals eine Manifestation der italienischen Tradition und des *melodramma* und damit einen Damm gegen die Neuerungssucht des *germanismo* und den Verfall des *belcanto* sehen wollte.

Verdi verwendet die *solite convenienze* in den meisten der angeführten Fälle uneigentlich, sei es, dass er sie bewusst zitiert, sei es, dass er sie vollkommen in den Fortgang der Handlung einbindet. Einige – wie die Sturmszene der Introduktion, die Auftritts- und Schlussszene des Titelhelden oder Jagos Trinklied – sind dabei so neuartig behandelt, dass man die traditionelle Herkunft kaum mehr wahrnimmt. Mit einem Seesturm begann schon Bellinis *Il pirata* (1827). Was dort statisches Tableau bleibt, wird bei Verdi auf eine bis dahin unerhörte Weise dynamisiert: Das Drama ersteht aus dem Aufschrei der Elemente – einem Schrecken nicht nur der Natur, sondern auch der Seele, in dem musikalisch wahrhaft der ›Jüngste Tag‹, das »Dies irae« der *Messa da Requiem,* ein zweites Mal anbricht. Der machtvolle Auftritt des siegreich aus der Seeschlacht landenden Otello mitten in der Sturmszene gehört zu den genialsten Momenten der Partitur:

dem Sturm der Elemente entronnen, wird Otello den Stürmen des eigenen Ich erliegen. Es entspricht den *convenienze*, die erste Solo-Szene in die Chor-Exposition einzuschieben. Verdi erfüllt die Form in der Negation. Der kurzen Szene – ganze zwölf Takte, ganze dreißig Sekunden Musik! – kommt eine Bedeutung und eine Wucht des Ausdrucks zu, die eine formvollendete *cavatina* an dieser Stelle niemals besitzen könnte. Ähnliches gilt für die Schlussszene, Otellos Liebestod. Über die unmittelbare Wirkung des verklärenden Schlusses hinaus betreiben Boito und Verdi hier ein subtiles Spiel für die Kenner. Die musikalische Transfiguration – der sterbende Otello küsst die tote Desdemona – erfolgt zu zwei gereimten *versi sciolti*, Elf-

Verdi mit Victor Maurel (Jago) in einer Garderobe der Pariser Oper (12. Oktober 1894)

silbern, die normalerweise das Ende eines Rezitativs und den Beginn einer geschlossenen Nummer ankündigen, die Otello aber nicht mehr singen kann.

Neuartig ist auch Jagos »verbrecherisches Credo«, das bei Shakespeare nicht vorkommt und dessen Erfindung allein Boito gehört. Als Selbstaussprache des Bösewichts, der sich gleichsam mit dem Publikum verständigt, ist es scheinbar das konventionellste Relikt der alten Dramaturgie. Und doch hat es an dieser Stelle seinen Sinn. »Jago« – so Boito in der Personencharakteristik der *disposizione scenica* – »ist der wahre Autor des Dramas, er ersinnt die Fäden, nimmt sie auf, verbindet, verknüpft sie.« Hier schauen wir in seine Seele, in sein bei Shakespeare von brutaler Sexualität geprägtes Unterbewusstsein. Bevor die Selbstzerstörung Otellos ihren Lauf nimmt, sollen, wenn schon nicht die Opfer, so doch die Zuschauer sehend werden. Boitos in einem gebrochenen und unsymmetrischen Metrum gereimter, also rhythmisch ständig fluktuierender Text hat Verdi zu einem außerordentlichen musikalischen Kunstgriff angeregt – einer gezielten Dekomposition, die den chaotischen Nihilismus Jagos abbildet und »deren Ergebnis wie die Trümmer der einstigen Arienform wirken« (Dietmar Holland). Einen vergleichbaren musikalischen Zerfall hat Verdi auch in Otellos Monolog »Dio! mi potevi scagliar« im dritten Akt auskomponiert, wo das Formmodell der Moll-/Dur-*romanza* zur Folie von Otellos seelischem Zusammenbruch wird. Ähnlich mehrdimensional die Zeitebenen verschränkend disponiert er im vierten Akt, wenn Desdemona das Lied von der Weide nicht einfach als Einlage, sondern geradezu – so Verdi selbst – mit »drei Stimmen« (Brief an Franco Faccio vom 2. September 1886) singt: der Barbaras, ihrer eigenen und dem Naturlaut des ritornellartigen Refrains »salce, salce, salce«, der nicht ausharmonisierten Anrufung des Weidenbaums. An dieser Stelle, unmittelbar vor der Katastrophe des Dramas, drückt die strophische *canzone* nicht nur das Schicksal der verlassenen Barbara aus, von der Desdemona es in ihrer Kindheit gehört hat, sondern mehr noch die ausweglose Trauer ihrer eigenen Situation. Im unmittelbar anschließenden Gebet des »Ave Maria« wird die objektive Form eines liturgischen Textes, die kaum aus dem Rezitationsduktus sich herauslösende musikalische Gestaltung, zum Ausdruck in extremis, zum letzten Halt in ihrer individuellen Verzweiflung.

Dass die *solite convenienze* noch immer als Richtschnur bei der Anlage und Ausarbeitung dienten, macht der Briefwechsel Verdis mit Boito mehrfach deutlich. Am Beginn ihrer gemeinsamen Arbeit scheint Verdi allerdings – einmal mehr voreilig, möchte man kommentieren – versucht gewesen zu sein, nach dem Vorbild Wagners das Drama vollkommen in musikalische Prosa aufzulösen: »Die Idee (die mir noch immer gefällt), einen *Otello* ohne Chöre in Musik zu setzen, war und ist vielleicht eine Verrücktheit!« (23. Juni 1881) Vor allem das *pezzo concertato*, »das szenische Stück/pezzo scenico« (wie Verdi es im Brief an Boito vom 15. August 1880 nannte), nämlich die große Ensembleszene am Ende des dritten Aktes, bereitete ihm große Schwierigkeiten, die erst nach mehreren Anläufen dramaturgisch befriedigend gelöst werden konnten. »Nachdem Otello Desdemona geschmäht hat« – so Verdi am 15. August 1880 –, »ist da nichts mehr zu sagen. Höchstens ein Satz, ein Vorwurf, eine Verfluchung des Barbaren, der eine Frau geschmäht hat! Und hier fällt entweder der Vorhang, oder man kommt mit einem Einfall, der nicht bei Shakespeare ist.«

An dieser Stelle steht im italienischen *melodramma* traditionellerweise das *pezzo concertato*, das – durch eine Konfrontation oder ein Ereignis ausgelöst – alle Figuren und den Chor zu einem kontemplativen Ensemble zusammenführt. Im ›gefrorenen‹ Bild dieses szenischen *tableau* ist der Fortgang der Handlung zugunsten der affektiven Selbstaussprache der Protagonisten aufgehoben. Die Zeit steht still, und die Musik verabsolutiert sich. Es ist verständlich, dass Verdi ein solches retardierendes Moment nur zögerlich in Kauf nehmen wollte. Andererseits war er Theaterpraktiker genug, um zu wissen, dass »die kolossale Wucht des Dramas« (wie er sich ausdrückte) der szenischen Entladung bedurfte. Verdis ursprünglicher Vorschlag war es, in den Augenblick der öffentlichen Erniedrigung Desdemonas durch Otello die Nachricht über einen erneuten Türkenüberfall platzen zu lassen, der die Handlung suspendiert und Otello die Gelegenheit zu einem weiteren Sieg geboten hätte. Dies hätte zwar dem Musiker Anlass zu Pomp und Pracht gegeben, die schicksalhafte Folgerichtigkeit der Schlusskatastrophe aber geschwächt, ja vernichtet, wie Boito Verdi in einem der wichtigsten Brie-

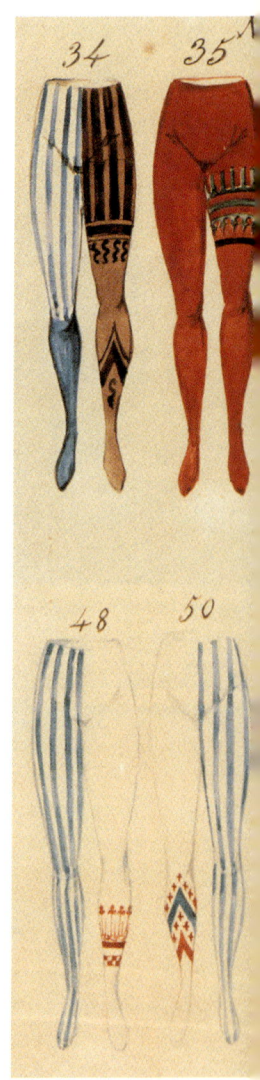

fe ihrer gesamten Korrespondenz entgegnete.

Im Vertrauen auf die eigene, raschere und freiere Logik der Musik, die es dem Operndramatiker erlaubt, die widersprüchlichen Emotionen und Handlungen seiner Figuren weitaus vielsagender, nämlich gleichzeitig – und nicht, wie im gesprochenen Drama, nur nacheinander –, auszudrücken, wies Boito Verdi einen anderen Weg. Erleichtert wurde ihm die Lösung durch die im Winter 1880/81 gemeinsam vorgenommene Überarbeitung des *Simon Boccanegra*. Hier wie dort bediente er sich zwar noch immer der traditionellen Anlage des *pezzo concertato*, lud sie aber mit dramatischer Aktion auf. Beide Male ließ er den musikalischen Schluss des *concertato* nicht mit dem Aktschluss zusammenfallen, sondern strich die abschließende statische *stretta*, wie sie am Ende des zweiten Aktes von *Aida* noch die Triumphszene abrundet, und ersetzte sie durch einen spektakulären *colpo di scena*: in *Simon Boccanegra* durch die Selbstverfluchung des Verräters Paolo, in *Otello* durch die Verfluchung Desdemonas, das Davonstürzen der Menge, den physischen Zusammenbruch des Mohren und den höhnischen Triumph Jagos. Das Herzstück des *pezzo concertato*, den langsamen Teil, der – im vollen Ensemble, den Chor inbegriffen – bis zur Zwölfstimmigkeit anschwillt, behielt Boito bei. Die Neuerung, in der Verdi ihm folgte, bestand nun darin, den kontemplativen vom dialogischen Teil des Ensembles zu trennen: »Das *Ensemble* hat, wie es in unserer Absicht lag, seine lyrische Schicht und seine dramatische Schicht, *beide miteinander verschmolzen*. Oder besser gesagt, es ist ein lyrisches, ein melodisches Stück, unter dem ein dramatisches Zwiegespräch sich abwickelt. Die

Hauptfigur der lyrischen Schicht ist *Desdemona*, die Hauptfigur der dramatischen Schicht ist *Jago*.« (Boito an Verdi, 24. August 1881) Auf diese Weise entsteht eine psychologische Mehrschichtigkeit zwischen dem zeitenthobenen, von Desdemona angeführten Ensemble und dem energischen Forttreiben der Handlung. Denn während alle Anwesenden – mit Ausnahme des teilnahmslosen Otello – Desdemona beklagen, spinnt im Vordergrund Jago im Gespräch mit Rodrigo seinen unheilvollen Plan weiter, der schließlich zur endgültigen Katastrophe führt.

Trotz der stimmlichen Auflockerung dominiert im »Wirrwarr des *concertato*« (Verdi an Boito, 17. Juli 1886) die lyrische über die dialogisierte Schicht, und der Zuschauer hat es schwer, das nötige Interesse auf Jago zu konzentrieren, und noch schwerer, dessen Dialog erst mit Otello, dann mit Rodrigo zu folgen. Als Verdi einsah, dass die erwünschte Wirkung weder durch die vollständige Isolierung Jagos noch durch das Zurückdrängen des Ensembles bis zum »*ungenauen* Gemurmel« (Verdi an Giulio Ricordi, 9. Februar 1889) zu bewerkstelligen war, opferte er bedenkenlos den musikalischen Reichtum der dramatischen Wahrheit. Für die Aufführung des *Otello* an der Pariser Opéra 1894 hat er den lyrischen Höhepunkt des *pezzo concertato* kurzerhand gestrichen und die ganze Passage umgeschrieben, nur um die dramatische Dominanz Jagos sowohl sichtbar wie hörbar zu machen. In der Theaterpraxis ist man aber zur ursprünglichen Fassung zurückgekehrt. In der Gesamtaufnahme der Oper durch Arturo Toscanini ist dies dialogisierte Beiseitesprechen, ist die Präsenz Jagos, der das gesamte Ensemble kontrolliert, mit wünschenswerter Deutlichkeit zu hören.

Die Umschmelzung des kontemplativen *pezzo concertato* zu einer dramatisch durchkomponierten Szene gelang Verdi nur begrenzt. Erfolgreicher in der Strukturierung der Mehrschichtigkeit waren Boito und er mit einem anderen *tableau*: der Huldigung Desdemonas durch die Kinder, Frauen und Seeleute der Insel im zweiten Akt. Die archaisch-ländliche Musik – zur üblichen Orchesterbesetzung treten mit Mandoline, Gitarre und Schalmei charakteristische Instrumente der mittelmeerischen Volkskultur – schafft einen letzten Ruhepunkt, bevor das Gift der Eifersucht zu wirken beginnt, das Jago Otello einträufelt. Schon hier finden »gleichzeitig zwei Geschehnisse, zwei Handlungen« statt: »ein Fest für Desdemona, ein *Komplott* zwischen Jago und Otello« (Verdi an Giulio Ricordi, 14. März 1887). Und hier verschmilzt Verdi die beiden dramatischen, die beiden musikalischen Schichten – eine statische im Hinter- und eine dialogische im Vordergrund – tatsächlich miteinander.

»Von jetzt an besitzt Schakespeares [!] *Otello* Ihre Deutung, und die haben Sie gemacht«, schrieb Boito am 21. Dezember 1886 nach Abschluss der Arbeit und wenige Wochen vor der Uraufführung der Oper an Verdi. Bescheiden genug verzichtete er darauf, hinzuzusetzen, dass Verdis Deutung ohne die Gesamtkonzeption von Text und Musik nicht möglich gewesen wäre. Entgegen der weit verbreiteten Meinung hat Verdi im *Otello* allerdings weder die letzten Bastionen der Konventionen zerstört noch die traditionellen Formeln vollständig preisgegeben. Die Vertonung von Shakespeares *Othello* stellt den Schlusspunkt seiner lebenslangen Bemühungen dar, dem standardisierten Schematismus des italienischen *melodramma* den Atem des wahren Dramas einzuhauchen. Die Formen und Formeln ordnen sich dem von Verdi spätestens seit den 1850er-Jahren erstrebten »Ganzen« unter. Sie sind nicht mehr musikalischer Selbstzweck, sondern erstehen allein aus der immanenten Gesetzmäßigkeit des Dramas, das sie beglaubigt. *Otello* – man kann es nicht treffender formulieren als der schon eingangs bemühte Franz Werfel – »ist die ganze alte Oper in einer genialen Verkürzung und Neubeseelung«.

Ulrich Schreiber

VERDI UND BOITO

Die auffällige Pause von sechzehn Jahren zwischen der *Aida* von 1871 und dem *Otello* von 1887 hat zu vielen Spekulationen geführt. Die gewagteste stellte Franz Werfel 1924 in seinem *Verdi. Roman der Oper* auf, als er dem Komponisten ein Wagner-Trauma andichtete. Das ist mit guten Gründen in der Forschung zurückgewiesen worden. Dennoch hat Werfel, trotz all seinem fiktionalen und auch sprachlichen Wildwuchs, das richtige Sensorium gehabt: *Aida* markierte nicht nur den größten Erfolg, den Verdi je gehabt hatte, sondern auch eine krisenhafte Zäsur in seinem Leben und Schaffen. Der erworbene Reichtum ließ den Komponisten ernsthaft an einen Rückzug aus dem Kulturbetrieb nach dem Vorbild Rossinis denken – die Arbeit auf seinem Großgrundbesitz hatte für ihn einen eigenen Reiz. Kontraproduktiv wirkte auch Verdis zeitweilige Entfremdung von seiner Frau Giuseppina, entstanden durch seine Zuneigung für die tschechische Sopranistin Teresa Stolz, seine erste Leonora in der Neufassung der *Macht des Schicksals*, Aida und Sopransolistin im *Requiem*, die nach Giuseppinas Tod 1897 die Gefährtin seiner letzten Lebensjahre wurde. Zudem war nach der italienischen Einigung die Situation der Theater, die zuvor zentral vom jeweiligen Territorialstaat finanziert worden waren und nun in kommunale Trägerschaft übergingen, äußerst kritisch. Für einen Komponisten mit dem Perfektionsdrang Verdis konnte eine Kooperation kaum Anreize bieten. Die sozial- und kulturpolitisch reaktionäre Entwicklung, die das ab 1871 vereinigte Königreich Italien nahm, verstärkte zusätzlich Verdis Unwilligkeit, sich als

Galionsfigur im Kunstkommerz zu präsentieren. Zudem war er mit der ihn sozusagen privat reizenden Arbeit an seinem Streichquartett, der Fertigstellung des *Requiems* und den Revisionen von *Simon Boccanegra* und *Don Carlos* hinlänglich beschäftigt.

Dennoch ist für eine Erklärung der schöpferischen Pause zwischen *Aida* und *Otello* zumindest tendenziell jener Verstörungsgrad anzuführen, auf den Werfel mit seiner Fehldiagnose eines Wagner-Traumas zielte. Obwohl international mit *Aida* zum Exponenten einer italienischen Nationalkultur, ja einer Weltmusik geworden, war Verdi trotz allen gegenteiligen Bekundungen in seinem Selbstwertgefühl gespalten. Mit der entscheidenden Wende im italienischen Einigungsprozeß nach der Schlacht bei Solferino im Jahre 1859 begann komplementär zu seinem abnehmenden Engagement als Polit-Künstler eine Abwertung seines Stellenwertes für die italienische Kultur in der jüngeren Künstlergeneration. Den populären Erfolg des *melodramma* von Bellini, Donizetti und Verdi als Ersatz für eine in Italien auf dem Sprechtheater nicht vorhandene eigene Romantik ließen etwa die in der Mailänder Künstlergruppe der ›Scapagliatura‹ versammelten Intellektuellen nicht gelten. Dieser Kreis, der seinen Namen Cletto Arrighis Novelle *La Scapagliatura e il 6 febbraio* (*Die Bohème und der 6. Februar*) ebenso einem seine Gesinnung ausdrückenden Kunstwerk entnahm, wie es im deutschen ›Sturm und Drang‹ fast ein Jahrhundert zuvor geschehen war, wollte Italiens Kultur europäisieren. Die Nachfolge der britischen Schauerromantik und die begeisterte Rezeption Baudelaires führten zu einer Beschwörung künstlicher Paradiese, zu einer Entfesselung sündhafter Leidenschaften und zu einer oft blasphemischen Neigung zu verklärten Perversionen, die – kulturgeschichtlich

Verdi und Boito in Sant' Agata (nach 1890)

verspätet – gelegentlich unfreiwillig komisch wirken. In seinem nie zu Ende gebrachten Lebenswerk, der Oper *Nerone*, machte Arrigo Boito die Asteria zu einer »Märtyrerin der Sinne ..., die in ihrer unaussprechlichen Wollust davon träumt, von einem Ungeheuer zerrissen zu werden«.

Das wirkt nicht nur gegenüber Baudelaire, sondern auch im Vergleich mit Swinburne, Walter Pater oder Oscar Wilde wenig authentisch. Dennoch war Boito, Sohn einer polnischen Gräfin und eines italienischen Miniaturmalers, der führende Kopf der ›Scapagliatura‹ – vielleicht aufgrund seiner musikalischen Begabung. Die von der gesamten Gruppe ins Visier genommene Reform der italienischen Kultur sah er vorrangig auf musikalischem Gebiet als notwendig an. So schloß er sich der 1859 in Florenz gegründeten ›Società del Quartetto‹ an, der Speerspitze jener Bewegung, mit der in Italien die alles beherrschende Vormachtstellung der Oper gebrochen werden sollte. Auch Verdis vergleichsweise schlichtes Ethos künstlerischer Handwerklichkeit fiel unter das Verdikt der ›Scapagliatura‹, um so mehr, als Wagners Werke in Italien aufgeführt wurden: *Lohengrin* 1871 in Bologna (wo Verdi wahrscheinlich erstmals mit Boito zusammentraf), *Tannhäuser* 1872, *Rienzi* 1874, *Der fliegende Holländer* 1877 – der *Ring des Nibelungen* kam durch Angelo Neumanns Tourneetheater erst kurz nach Wagners Tod 1883 in Venedig, Turin, Rom und Bologna heraus, *Tristan und Isolde* als erste Wagner-Oper in italienischer Übersetzung 1888 in Bologna, *Die Meistersinger von Nürnberg* ein Jahr später unter Franco Faccio an der Mailänder Scala. Boito, der *Rienzi*, den *Fliegenden Holländer* und den *Tristan* ins Italienische übersetzte, wurde zu einer Art Brückenkopf für Wagner auf der Halbinsel – was jener Brief Wagners vom

7. November 1871 untermauert, in dem er die Verbindung deutscher und italienischer Kunst – ganz im Sinne Boitos – als Zielvorstellung erläutert. Boito war zusammen mit Faccio, als beide noch Studenten am Mailänder Konservatorium waren, 1862 zu einer Studienreise nach Frankreich und Deutschland aufgebrochen, auf der sie reichliches Anschauungsmaterial für ihre schon vorher bekundete Absicht fanden, Italien müsse aus seiner selbstgenügsamen Opernseligkeit befreit werden. Boito versuchte das, in direkter Konkurrenz zu Gounods Oper, indem er aus Goethes *Faust* – und zwar im Gegensatz zu dem Franzosen aus beiden Teilen der Tragödie – eine italienische Oper machte. Sein *Mefistofele*, 1868 in Mailand ausgepfiffen und nach einer Revision 1875 in Bologna gefeiert, ist neben Amilcare Ponchiellis *La Gioconda*, zu der er unter einem Pseudonym das Libretto geschrieben hatte, die einzige zwischen Verdis *Aida* und *Otello* entstandene italienische Oper, die auch im Ausland bekannt wurde. Es gehört zu den Mirakeln der italienischen Geistesgeschichte, wie sich zwischen diesem jungen oppositionellen Arrigo Boito (1842-1918) und dem späten Verdi über 21 Jahre hin – wenn man von einem frühen Brief aus dem Jahre 1862 absieht – eine nicht nur künstlerisch tief gegründete Beziehung entwickelte, in der der Jüngere manche eigene Ambition hintanstellte und im Älteren die intellektuell-schöpferische Kraft freisetzte, mit der Verdi nach der Vorarbeit Boitos für die Revision des *Simon Boccanegra* zu der Synthese in *Otello* und *Falstaff* vordrang, einem bemerkenswerten Fall eines konservativen Avantgardismus.

Giuseppe Verdi

AUS DEM BRIEFWECHSEL ZU »OTELLO«

VERDI AN GIULIO RICORDI

S. Agata, 4. September 1879

Lieber Giulio,

Das Stück aus der kleinen Schrift von Dupré konnte in Eurer Gazetta, meinte ich, keinen anderen Sinn haben als den, mir zu sagen: »Maestro, schreiben Sie ja keine komischen Opern!« Und so hielt ich mich für verpflichtet, Euch zu sagen: »Ich werde einen anderen Verleger ruinieren.« Wenn ich nun diese komische Oper schreibe und Ihr Euch ruinieren lassen wollt – um so schlimmer für das Haus Ricordi.

Euer Besuch mit einem Freund, der jetzt natürlich Boito wäre, wird mir immer willkommen sein. Erlaubt mir aber, über diese Angelegenheit ganz klar und ohne Umschweife zu sprechen. – Sein Besuch würde mich zu sehr verpflichten, und ich will mich absolut nicht verpflichten. Wie dieser *Schokoladen*plan entstanden ist, wißt Ihr … Ihr aßt mit mir zusammen und ein paar Freunden. Man sprach von *Otello*, von Shakespeare, von Boito. Am folgenden Tag brachte Faccio Boito zu mir ins Hotel. Drei Tage später brachte Boito mir die Skizze zum *Otello*, die ich las und gut fand. Macht die Dichtung daraus, sagte ich ihm; sie wird immer gut für Euch, für mich, für einen anderen sein usw. usw. …

Wenn Ihr jetzt mit Boito hierher kommt, bin ich unausweichlich verpflichtet, das Libretto zu lesen, das er fertig mitbringen wird.

Wenn ich das Libretto vollkommen gut finde, dann bin ich in gewisser Hinsicht gebunden.

Wenn ich es gut finde und ein paar Änderungen anrege, die Boito akzeptiert, bin ich noch mehr gebunden.

Wenn es mir aber, auch noch so schön, nicht gefällt, wäre es zu hart, ihm diese Meinung ins Gesicht zu sagen.

Nein, nein ... Ihr seid schon zu weit gegangen und man muß haltmachen, ehe es zu Klatsch und Ärger kommt. – Meiner Ansicht nach wäre es das beste (wenn Ihr so denkt und es Boito recht ist), mir die fertige Dichtung zu schikken, damit ich sie lesen und in Ruhe meine Meinung äußern kann, ohne daß diese irgend einen der Beteiligten verpflichte.

Wenn diese recht heikle Schwierigkeit einmal überwunden ist, werde ich sehr glücklich sein, Euch mit Boito hier ankommen zu sehen.

Bis dahin Euer getreuer G. Verdi

VERDI AN BOITO

Sant'Agata, 15. August 1880

Lieber Herr Boito!

Giulio wird Ihnen gesagt haben, daß ich vor mehreren Tagen Ihre Verse erhalten habe, die ich erst lesen und gründlich studieren wollte, bevor ich darauf antworte.

Gewiß haben sie mehr Wärme als die früheren, aber nach meinem Dafürhalten fehlt noch der szenische Teil. Und er fehlt dort, weil es ihn dort nicht geben kann. Nach Otellos Schmähungen gegenüber Desdemona bleibt eben nichts mehr zu sagen. Höchstens ein paar Worte, eine Zurechtweisung, eine Verwünschung gegen *den Unmenschen*, der eine Frau beschimpfte! Hier hat entweder der Vorhang zu fallen, oder es muß ein *Einfall* herausspringen, der bei Shakespeare nicht vorkommt. Zum Beispiel: (ich improvisiere nur) nach den Worten »Du Dämon, schweige!« könnte Lodovico mit dem ganzen Selbstbewußtsein des Patriziers und mit der Würde des Gesandten Otello scharf anherrschen: »Schändlicher Mohr, du wagst es, eine venezianische Patrizierin, meine Verwandte, zu schmähen und fürchtest nicht den Zorn des Senats!«/Eine Strophe von vier oder sechs Versen.

Jago freut sich seiner Machenschaft/ebenfalls eine Strophe.

Desdemona wehklagt/ebenfalls eines Strophe.

Rodrigo/eine Strophe.

Emilia und der Chor/eine Strophe.

Otello stumm, in beängstigender Regungslosigkeit, sagt kein Wort ...

Plötzlich hört man von ferne Trommeln, Trompeten, *Kanonenschläge* usw. usw. ... *Die Türken! Die Türken!!* Volk und Soldaten strömen auf die Bühne, Bestürzung und Entsetzen bei allen! Otello fährt zusammen und richtet sich auf wie ein Löwe. Er zieht den Degen und wendet sich zu Lodovico: »Auf! Ich werde euch von neuem zum Siege führen. Venedig wird es mir noch lohnen« mit einer Absetzung! ... Alle verlassen die Bühne mit Ausnahme von Desdemona. Inzwischen laufen Frauen aus dem Volke von allen Seiten herbei, werfen sich erschrocken auf die Knie, während man von innen die Rufe der Krieger hört, die Kanonenschläge, Trommeln, Trompeten usw., das ganze Toben der Schlacht. Desdemona, in der Mitte der Bühne, ganz allein, unbeweglich, hebt die Augen zum Himmel und betet für Otello.

Der Vorhang fällt.

Das würde ein Stück Musik ergeben und ein Maestro könnte damit zufrieden sein. Die Kritik hätte allerdings viele Einwände zu machen. Zum Beispiel: Wenn die Türken besiegt wurden (wie am Anfang gesagt wird), wie können sie dann jetzt kämpfen? Das ist übrigens kein ernsthafter Einwand, denn es wäre denkbar – ich sage es mit zwei Worten –, daß die Türken bei dem Unwetter zwar zu Schaden gekommen und versprengt, aber noch nicht vernichtet sind. Da gäbe es einen viel schwerwiegenderen Einspruch: Wenn Otello vom Schmerz gebrochen, von Eifersucht zernagt, niedergeschlagen, physisch und moralisch krank ist, kann er dann plötzlich in Begeisterung geraten und wieder zum Helden von einst werden? Und wenn er es kann, wenn der Ruhm ihn noch einmal behext und er Liebe, Schmerz, Eifersucht zu vergessen vermag, warum bringt er Desdemona um und dann sich selbst?

Sind das Skrupel oder ernsthafte Einwände? Ich wollte Ihnen nur sagen, *Der Verleger Giulio Ricordi* was mir alles durch den Kopf geht. Wer weiß, ob Sie in diesem albernen Gerede nicht einen Ansatzpunkt entdecken, um irgend etwas zu erfinden!

Denken Sie daran, schreiben Sie mir und glauben Sie mir!

Ihr G. Verdi

PS. Erlauben Sie mir, Ihnen meine herzlichsten Glückwünsche zu dem erfreulichen Erfolg des *Mefistofele* in London auszudrücken.

BOITO AN VERDI

Mailand, Montag (18. Oktober 1880)
Via Principe Amadeo. 1.

Lieber Maestro!

Ihr Brief hat mir das Herz erleichtert. Nun steht also das dritte Finale, nun ist es mir geglückt, der Konzeption, die Ihnen vorschwebte, die angemessene Form zu geben. Jetzt erkennen Sie in dem Werk meiner Hände den Gedanken wieder, den Sie mir eingaben und den ich umgesetzt habe, ohne mich von irgendwelchen Zweifeln beirren zu lassen, nicht einmal von solchen, die Sie selbst vorbrachten. Mit dieser Arbeit habe ich Ihnen bewiesen, daß ich sehr viel größeres Gewicht auf die Meinung legte, der Sie Ausdruck gaben, als auf die Argumente, die von dieser Meinung ausgelöst werden. Aber jetzt verlangen Sie von mir ein Urteil auch über jene Argumente, und das setzt mich in Verlegenheit. Denn wenn ich mit dem, was ich zustande brachte, wie Sie sehen, dem schaffenden Künstler, dem Maestro recht gab, so soll ich jetzt mit Worten dem Kritiker recht geben. Wenn Sie sagen (ich schreibe Ihre Worte aus dem Briefe ab, den Sie mir nach München sandten): »Wenn Otello vom Schmerz gebrochen, von Eifersucht zernagt, niedergeschlagen, physisch und moralisch krank ist, kann er dann plötzlich in Begeisterung geraten und wieder zum Helden von einst werden? Und wenn er es kann, wenn der Ruhm ihn noch einmal behext und er Liebe, Schmerz, Eifersucht zu vergessen vermag, warum bringt er Desdemona um und dann sich selbst?« Wenn Sie so argumentieren, finde ich nicht die Worte, dagegenzusprechen. Wenn Sie mich dann aber fragen, vielmehr wenn Sie sich selbst fragen: »Sind das Skrupel oder ernsthafte Einwände?« so antworte ich: »Es sind ernsthafte Einwände.« Sie legen den Finger auf die

Wunde. Otello ist wie ein Mensch, der unter einem Alptraum umhergeht und unter dem verhängnisvollen und zunehmenden Zwang dieses Alptraums denkt, handelt, leidet und sein fürchterliches Verbrechen verübt. Wenn wir uns nun ein Ereignis ausdenken, das Otello unweigerlich erschüttern und ihn von einem so tiefsitzenden Alptraum abbringen soll, so zerstören wir den ganzen unheilschweren Plan, den Shakespeare ersonnen hat, und können nicht zu einer folgerichtigen Lösung des Handlungsverlaufs gelangen. Dieser Überfall der Türken kommt mir vor wie ein Faustschlag, der das Fenster eines Zimmers zertrümmert, in dem zwei Menschen nahe daran sind, an Erstickung zu sterben. Dieses im Innersten vom Tode Umgebensein, das Shakespeare mit solcher Sorgfalt gestaltet hat, ist mit einem Schlage dahin. Lebensluft dringt wieder in unsere Tragödie ein, und Otello und Desdemona sind gerettet. Um sie die Straße des Todes wiederaufnehmen zu lassen, müßten wir sie noch einmal in den tödlichen Raum einschließen, müßten den Alptraum wiederherstellen, müßten geduldig Jago noch einmal an seine Beute heranführen, und es bedürfte eines ganzen Akts, um die Tragödie noch einmal beginnen zu lassen. Mit anderen Worten: *Wir haben zwar einen Aktschluß gefunden, aber auf Kosten der Wirkung der Schlußkatastrophe.* Jedermann weiß, daß *Otello* ein Meisterwerk ersten Ranges und in seiner Großartigkeit *vollkommen* ist. Diese Vollkommenheit beruht (Sie wissen es besser als ich) auf der wunderbaren Ausgeglichenheit des Ganzen und seiner Teile, auf der tiefgehenden Erfassung der Charaktere, auf jener äußerst strengen und *schicksalhaften* Folgerichtigkeit, mit der alle Vorgänge der Tragödie sich entwickeln, auf der Art und Weise, in der alle Leidenschaften, um die es sich dort handelt, und vor allem die beherrschende Leidenschaft, beobachtet und dargestellt sind. Alle diese Vorzüge tragen dazu bei, *Otello* den Rang eines außerordentlichen Kunstwerks zu geben. Ein Werk von solcher Schönheit und solchem Kunstverstand auch nur an einer einzigen Stelle anzutasten, kann nur zu einer Verminderung der Vollkommenheit führen. Jetzt haben wir diese Vollkommenheit herabgemindert, sowohl vom psychologischen Gesichtspunkt aus wie im Hinblick auf die Vorgänge, und auch bezüglich der Charaktere ist die Tragödie nicht mehr so durchdacht, so einheitlich, so ausgeglichen und so schicksalhaft, wie Shakespeare es gewollt hat. Wie die Gestalt des Otello, so wird auch Jagos Rolle davon betroffen. Die unmittelbare, direkte Einwirkung auf die Katastrophe, die er ausübte, ist mit einem Schlage durch ein Ereignis unterbrochen, das er nicht herbeigeführt hat, durch *ein* Geschehen, durch ein *einziges* Vorkommnis, das außerhalb seines Einflusses erfolgte: ein plötzlicher Überfall der Feinde. Otello handelt nach dieser völlig neuen und unerwarteten Wendung nicht mehr unter der unausgesetzten Beherrschung Jagos, und statt mitleiderregend unglücklich zu wirken, erscheint er hart.

Wir wollten die *Vollkommenheit* nachbessern und haben sie zerstört. Das ist das Urteil des Kritikers. Und es ist richtig. Doch eine Oper ist kein Schauspiel, unsere Kunst lebt von Elementen, die die gesprochene Tragödie nicht kennen. Die gestörte Atmosphäre läßt sich wiederherstellen, acht Takte genügen, um eine Empfindung wiederaufleben zu lassen, ein Rhythmus kann einen Charakter umbilden. Die Musik ist die allmächtigste unter den Künsten, sie hat eine eigene Logik, die viel rascher, viel freier ist als die Logik des Denkens in Worten und weitaus vielsagender. Ein Meister wie Sie kann mit einem Federstrich dem

Schweigen die überzeugendsten Argumente des Kritikers aufprägen. Sie haben gesagt, der dritte Akt *gedeiht hervorragend gut*. Nun, Sie haben recht damit, denn diese Äußerung ist nichts anderes als ein Anzeichen, das mir verrät, wie Sie im Geiste schon das ganze Konzept klar und kräftig sich abzeichnen sehen.

Aber ich habe schon zuviel geschwatzt.

Ihnen, lieber Maestro, und der Signora meine herzlichste Ehrerbietung. Ich bin immer bereit, auf Ihre Anweisungen hin umzuarbeiten, zu streichen, hinzuzufügen, wann es Ihnen in den Sinn kommt, stets froh, wenn es mir gelingt, Sie zufriedenzustellen.

Ihr

A. Boito

VERDI AN BOITO

Sant'Agata, 23. Juni 1881

Lieber Boito!

Schleudern Sie keinen Stein auf mich, wenn ich bis jetzt Ihren sehr freundlichen und wichtigen Brief noch nicht beantwortet habe.

Der Chor, den Sie mir geschickt haben, wird, glaube ich, sehr gut passen. Ich sage, glaube, weil ich, ohne den zweiten Akt vor Augen zu haben, mir über die Stelle nicht klarwerden kann, an der dieser Chor stehen soll. Auf jeden Fall darf er weder zu graziös noch zu gewählt, noch zu schön sein. Und dann soll er wie ein Lichtstrahl wirken zwischen all der Finsternis! – Beschäftigen Sie sich nun mit dem Finale, und machen Sie nur ja ein recht ausgewachsenes Stück daraus, ich möchte sagen, etwas *Großartiges*. Das Theater braucht das. Aber mehr noch als das Theater erfordert es die kolossale Wucht des Dramas. – Die Idee (über die ich noch lächeln muß), einen *Otello* ohne Chor in Musik zu setzen, war und ist wohl ein Wahnsinn!

Was die Striche in der Partie des *Otello* betrifft, nun gut, die machen wir dann zusammen.

Meine Frau läßt Sie grüßen, und ich drücke Ihnen herzlich die Hände.   G. Verdi

BOITO AN VERDI

Mittwoch (Mailand, 24. August 1881)

Lieber Maestro! Sie haben wohl schon angefangen zu glauben, ich hätte mit dem Hut, mit dem Schwamm und mit der Bürste auch das große Finale in *Otello* vergessen. Dem war nicht so. Dieses Finale wälze ich im Kopf herum, ich überlege hin und her, und da es ein sehr großer Brocken ist, will es mir nicht gelingen, es dem *Blut der Form* anzugleichen, wenn ich mich so ausdrücken darf. Und es hat mir keine geringe Mühe gemacht, zu dem Ergebnis zu kommen, das Ihnen in diesem Augenblick schon bekannt ist und das mir das Resultat aller unserer Gespräche in Sant'Agata zu sein scheint.

Das *Ensemble* hat, wie es in unserer Absicht lag, seine lyrische Schicht und seine dramatische Schicht, *beide miteinander verschmolzen*. Oder besser gesagt, es ist ein lyrisches, ein melodisches Stück, unter dem ein dramatisches Zwiegespräch sich abwickelt. Die Hauptfigur der lyrischen Schicht ist *Desdemona*, die Hauptfigur der dramatischen Schicht ist *Jago*. Dieser nun, nachdem er für einen einzigen Augenblick von einem Ereignis überrollt war, auf das er keinen Einfluß hatte (der Brief, der Otello nach Venedig zurückruft), nimmt sofort, mit einer Schnelligkeit und einer Energie ohnegleichen, alle Fäden der Tragödie erneut auf und macht die Katastrophe wieder zu seiner eigenen Sache, ja er benutzt sogar das unvorhergesehene Ereignis, um den Ablauf der schließlichen Katastrophe schwindelerregend zu beschleunigen. Das alles war im Sinne Shakespeares, und das alles tritt in unserer Arbeit deutlich in Erscheinung. Jago geht von Otello zu Rodrigo über, beide die Werkzeuge, die ihm für seine Untat bleiben. Dann hat er das letzte Wort und die letzte Gebärde in diesem Akt.

Sehen Sie nun, ob diese beiden Schichten, die lyrische und die dramatische, Ihnen gut verschmolzen erscheinen. Sehen Sie auch, ob die Ausdehnung der einen und der anderen Schicht gut bemessen ist. Bei den Versen habe ich nicht gespart, weil ich mich an Ihre Bemerkung erinnerte: »Sagen Sie alles, was nützlich zu sagen ist, und jede Angelegenheit soll ausführlich erklärt werden.« Bei dieser Anweisung haben Sie selbst empfunden, daß das Zwiegespräch unter der lyrischen Schicht voll entwickelt werden muß, damit es tragisch wirkt. Das haben Sie sehr richtig gesehen, und so habe ich es gemacht. Für den Fall sogar, daß der Dialog zwischen Jago und Rodrigo Ihnen etwas zu knapp und nicht klar genug vorkommen sollte, habe ich hier vier Verse, die, wenn nötig, ihn vervollständigen und abschließen können:

JAGO In tiefer Nacht überwache ich seine Spur,
    Und ich finde den Weg und die Stunde heraus.
    Du erledigst den Rest. Ich stehe Wache für dich.
    Zur Jagd! Zur Jagd! Häng dir den Bogen um!
RODRIGO Ja! Ich habe dir Ehre und Glauben verkauft.

Eine Sache ist noch zu beachten! Die Gespräche: Jago und Otello, Jago und Rodrigo folgen aufeinander, jenes zuerst, dieses danach. Während des Gesprächs Jago – Otello, was macht da Rodrigo? Nichts. Doch seine Stimme könnte zu einem weiteren *wirklichen Part* in dem Gefüge des melodischen Konzertierens werden und eine fünfte Stimme darstellen, bis der Moment seines Gesprächs mit Jago kommt. Für diesen Zweck schlage ich Ihnen vier lyrische Verse vor, die Rodrigo mit den anderen singen könnte, während Otello mit Jago spricht und während das Ensemble beginnt:

RODRIGO Für mich verdunkelt sich die Welt,
  Umwölkt sich das Schicksal.
  Der liebliche und blonde Engel
  Schwand aus meiner Lebensbahn.

Auch auf folgendes wäre noch zu achten: Da wir uns mit dem Verhalten Rodrigos während des Gesprächs *Jago – Otello* beschäftigt haben, warum sollten wir uns nicht auch über Otellos Verhalten während des Gesprächs *Jago – Rodrigo* Gedanken machen? Aber nein! Otello ist seine Pose vorgeschrieben, nach dem Willen des Dramas. Wir haben ihn neben dem Tisch zusammengebrochen gesehen nach den Worten: »Zu Boden! da heule!« Und in dieser Stellung zusammengebrochen muß er bleiben, ohne sich aufzurichten, auch wenn er Jago antwortet, so lange das ganze Ensemble dauert. Er braucht auch nicht zu sprechen oder zu singen, während Jago auf Rodrigo einredet. Stumm ist er größer und fürchterlicher, körperlicher. Erst zu dem Aufschrei: »Hinaus!« erhebt er sich und stürzt dann wieder zu Boden. Das alles ist gut. Bis hierher stimmen wir völlig überein, wie ich hoffe. Aber vielleicht werden Sie feststellen, daß Desdemona (die, wie ich sagte, die *Hauptfigur der lyrischen Schicht des Ensembles* ist) vier

— 84 —

vari gruppi: mentre risuonano di dentro fanfare e grida di festa, **Lodovico** si avanza e fa per trascinare lontano **Desdemona**.

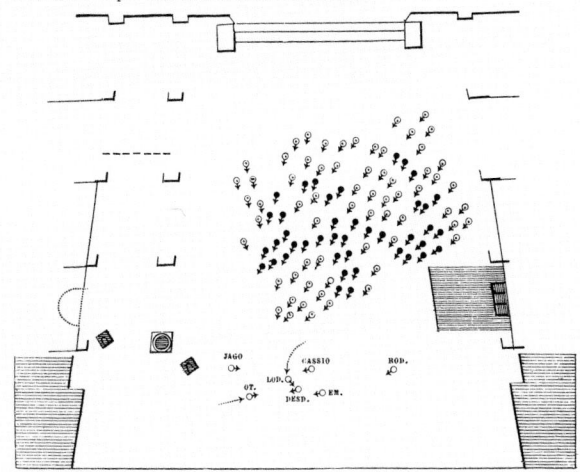

Ma dopo due o tre passi, sciogliendosi da **Lodovico**, **Desdemona** corre verso **Otello** e colle braccia protese supplicanti dice: *Mio sposo!*

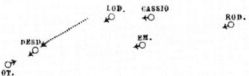

Otello afferra le braccia a **Desdemona** e con accento terribile esclama: *Anima mia,* poi scacciandola da sè grida: *Ti maledico!...* – *Orror!* è il grido generale: il **Coro** fugge dal fondo, da tutte le parti, con gesti di spavento (1): **Emilia** e **Lodovico** accorrono a sostenere **Desdemona,** e la conducono fuori

---

(1) Andrà subito a riunirsi, presso la Fanfara, all'altra parte del Coro.

Eine Seite aus dem Regiebuch der Uraufführung (Finale, 3. Akt)

Verse mehr benötigen würde als die anderen. Um so mehr als ihre ersten vier Verse sich nicht zur Verwendung für eine melodische Musik eignen. Darum gebe ich Ihnen hier die vier Verse, mit denen Desdemonas Stanze abschließen könnte. Aber, um sie zu lesen, muß ich, wie ich merke, die Seite umdrehen, und um sie aufzuschreiben auch:

Desdemona

. . . .
. . . .
. . . .
. . . .
. . . .
. . . .
. . . .
. . . .

Die heitere und lebendige Sonne,
Die den Himmel und das Meer erfreut,
Kann nicht die bittern Tränen
Meines Schmerzes trocknen.

Wir hatten vereinbart, daß die lyrische Schicht des Ensembles ein bestimmtes Versmaß haben sollte und die dialogisierte Schicht (einschließlich des Chors) ein davon verschiedenes. So habe ich es auch gemacht. Das Versmaß des Gesprächs ist ein Elfsilbler, den man brechen kann, ja oder nein, wie Sie wollen, und wenn man ihn bricht, löst er sich in entsprechend viele Fünfsilbler auf, und zwar durchgehend. Sie können also nach Ihrer Wahl die eine oder die andere der beiden Bewegungsarten verwenden. Immerhin war es notwendig, daß ich es so machte, weil ein Elfsilbler, der sich über einen lyrischen Verlauf hinzieht, zumal ein Elfsilbler für ein ganzes Ensemble wohl zu belastend und der Fünfsilbler zu leicht sein würde. Die beiden Metren deutlich wahrnehmbar zu mischen hätte mir nicht gefallen. So habe ich den Kunstgriff vorgezogen, den Sie sehen. Übrigens scheint mir, daß der Effekt wirkungsvoll sein kann.

Jetzt glaube ich aber, daß mir nichts mehr zu sagen übrig bleibt, außer Ihnen nochmals für den schönen Aufenthalt in Sant'Agata zu danken, der mir für immer im Gedächtnis bleiben wird und der, lieber Maestro, meine Zuneigung zu Ihnen noch verstärkt hat. Viele Grüße an Signora Giuseppina und an die verehrte Frau Schwägerin. Ich reise morgen wieder nach *Monticello*. Hier meine Adresse: *Monza über Monticello*. Das genügt, wenn Sie mir schreiben, dann erreicht mich Ihr Brief. Aber in einer Woche werde ich noch in Mailand sein, und dann reise ich an den Comer See. Bitte schonen Sie mich nicht und nehmen Sie mich trotzdem in Anspruch. Wenn ich für Sie arbeite, bin ich zufrieden.

Herzlichst Ihr

A. Boito

VERDI AN BOITO

(Poststempel: Mailand / 27/8-81)

Lieber Boito!

Ich bin in Mailand, und aus Busseto erreichten mich hier Ihre beiden zurückgeschickten Briefe. – Ganz hervorragend gut das Finale. Welch ein Unterschied gegenüber der ersten Fassung!

Die vier Verse für Rodrigo werde ich einfügen.

Vielleicht werden die anderen vier für Desdemona nicht nötig sein.

Daß Otello stumm viel großartiger und fürchterlicher erscheint, ist so wahr, daß ich daran denke, ihn während des ganzen Ensembles überhaupt nichts sagen zu lassen. Ich meine, nur Jago sollte reden, und alles, was für das Verständnis des Zuschauers notwendig ist, kürzer sagen, ohne daß Otello antwortet:

JAGO Beeile dich! Die Zeit verfliegt! Behalte deinen Plan im Auge! Nur deinen Plan! Ich kümmere mich um Cassio ... Seine ruchlose Seele werde ich auslöschen. Ich schwöre es. Diese Nacht wirst du Neues über ihn hören. (In Verse zu setzen, selbstverständlich!)

Nach dem *Ensemble* und nach den Worten »Fliehet alle vor Otello« finde ich, daß Otello nicht genug redet und tobt. Er schweigt während vier Versen, und ich meine (vom szenischen Standpunkt gesprochen), daß nach »Die ihm seinen ganzen Verstand raubt« Otello ein oder zwei Verse hinausschreien sollte ... »Fliehet. Ich verabscheue euch, mich, die ganze Welt ...«

Und ich glaube auch, daß man den einen oder anderen Vers sparen könnte, wenn Otello und Jago allein geblieben sind.

Nur ich weiß mir nicht zu entfliehen! ...

                                Ah, Schlange! ...

Herrgott, sie in Umarmung sehen! Ah, der verfluchte Gedanke! ... Blut, Blut ...

(Ein Schrei und er wird ohnmächtig.)

                                Das Taschentuch!

Mein Gift arbeitet.

Es lebe der Held von Zypern!

Wer kann verbieten, daß ich in diese Stirn meine Ferse
                                           drücke!

Ruhm dem Löwen von Venedig!

                                Da liegt der Löwe!

Ein erstickter Schrei auf das Wort »Taschentuch« erscheint mir furchtbarer als ein Schrei auf den üblichen Ausruf »Oh, Satan«. Die Worte »Ohnmächtig ... unbeweglich ... stumm« halten die Handlung etwas auf. Man denkt, man überlegt, und das ist der Punkt, wo man schnell schließen sollte. Sagen Sie mir Ihre Meinung dazu. –

Ich bin noch nicht zu Ende! Der Chor agiert wenig, ja sogar überhaupt nicht. Könnte man da nicht eine Möglichkeit finden, ihn etwas in Bewegung zu bringen? Zum Beispiel: Nach den Worten »... Und zu meinem Nachfolger auf Zypern ernennt er ... Cassio!« Ein Chor von vier Versen, ich will nicht sagen als Aufstand, aber als Einspruch ... »Nein, nein! Wir wollen Otello!«

Ich weiß wohl, daß Sie mir sofort antworten werden ... »Lieber Signor Maestro! Wissen Sie denn nicht, daß niemand wagen würde, über ein Dekret der Republik Venedig zu mucksen? ... und daß manchmal die bloße Gegenwart des Messer Grando genügte, um die Menge zu zerstreuen und einen Tumult zu ersticken?«

Ich möchte mir die Entgegnung erlauben, daß die Handlung auf Zypern spielt, daß die durchlauchtigsten Herren weit weg waren. Vielleicht hatten die Zyprioten deshalb mehr Mut als die Venezianer.

Falls Sie nach Mailand kommen, hoffe ich, Sie zu sehen. Ich weiß nicht, aber ich glaube, daß Sie alle Verse des dritten Akts haben. –

In Eile Addio.

G. Verdi

Hotel Milan

VERDI AN DOMENICO MORELLI

S. Agata, 24. September 1881

Lieber Morelli,

»Was sagt Ihr dazu?« ... sind Worte aus Deinem letzten Brief ... Ich sage, wenn ich Domenico Morelli hieße und eine Szene vom *Otello* machen wollte, und gerade die, wo Otello in Ohnmacht fällt, dann würde ich mir keineswegs den Kopf über die Spielanweisung »vor der Festung« zerbrechen. Im Libretto, das Boito für mich gemacht hat, spielt diese Szene *drinnen,* und ich bin damit sehr zufrieden. *Drinnen* oder *draußen* spielt keine Rolle. Darüber muß man sich schon deshalb nicht so viel Skrupel machen, weil die Inszenierung zu Shakespeares Zeiten so ausfiel ... wie Gott wollte! – Jago muß schwarz wie seine Seele gekleidet sein, besser geht's nicht; aber ich verstehe nicht, warum Du Otello venezianisch kleiden würdest! Ich weiß zwar, daß dieser General namens Otello im Dienst seiner Hoheit niemand anders als der Venezianer Giacomo Moro war. Aber da Signor William Shakespeare einen *Mohren* haben wollte, laß das Signor Williams Sache sein. Otello in türkischer Kleidung wird nicht gut gehen, aber warum ginge er nicht gut in äthiopischer Kleidung ohne den üblichen Turban? Beim Typ der Figur Jagos ist die Sache ernster. Du möchtest eine kleine Gestalt mit unterentwickelten Gliedern (wie Du sagst) und, wenn ich recht verstanden habe, einen jener schlauen, verschlagenen, sozusagen *messerscharfen* Typen. Wenn Du ihn so empfindest, mach' ihn so. Aber wenn ich Schauspieler wäre und Jago darzustellen hätte, möchte ich ziemlich hager und lang sein, mit schmalen Lippen und kleinen Augen nahe der Nase wie bei den Affen, einer hohen, fliehenden Stirn und mit einem stark entwickelten Hinterkopf; sein Gehaben wäre das eines Zerstreuten, *nonchalant,* gleichgültig gegen alles, skeptisch, witzelnd. Er sagt das Gute wie das Böse leichthin mit einer Miene, als dächte er eher an alles andere als an das, was er spricht. Würde ihm jemand den Vorwurf machen: »Was Du da sagst, was Du vorschlägst, ist eine Gemeinheit«, könnte er antworten: »Wirklich? ... Das glaubte ich nicht ... sprechen wir nicht mehr davon! ...« Eine solche Gestalt kann jeden hintergehen und bis zu einem gewissen Punkt auch die eigene Frau. Eine kleine bösartige Gestalt macht sich bei allen verdächtig und hintergeht niemand! – *Amen.* Lache nur, ich lache ja auch über all dies Geschwätz! ... Aber ob Jago nun groß oder klein ist und Otello Türke oder Venezianer, mach's wie Du willst; es wird immer gut gehen. Nur nicht zu viel nachdenken! Los, los, los ... schnell ...

Franco Faccio, Dirigent der Uraufführung

Ich grüße Dich auch von meiner Frau und verbleibe herzlichst Dein getreuer

G. Verdi

BOITO AN VERDI

(Mailand, nach dem 26. April 1884)

Lieber Maestro! Ihr Brief, so weise und gütig er war, hat, ich weiß nicht warum, mich in einiger Erregung zurückgelassen, und ich konnte keine Ruhe finden, ehe ich mich wieder an die Arbeit für Sie gemacht hatte. Mir ist eingefallen, daß Sie mit einer Szene Jagos im zweiten Akt in doppelten Fünfsilbern nicht zufrieden waren und daß Sie eine gebrochenere, weniger lyrische Form wünschten. Ich schlug Ihnen vor, eine Art von lästerlichem Credo zu machen und habe nun versucht, es in einem zerrissenen und nicht symmetrischen Versmaß aufzuschreiben. Ihnen wird vielleicht die Verbindung zwischen diesem Abschnitt und dem vorausgehenden Rezitativ fehlen, doch ich habe das Manuskript nicht zur Hand und konnte deshalb das Zwischenstück nicht machen. Aber es kann sich nur um eine Lücke von höchstens zwei oder drei Versen handeln. Wenn ich mit diesem Versuch wenig Glück haben sollte, so legen Sie dies der Eile und der Aufregung zur Last, ich werde ihn dann noch einmal und besser ausführen, wenn Sie es wollten. Doch wenn Sie dieses Stück nicht für völlig verfehlt halten, so bitte ich Sie, es zu den anderen Blättern des *Otello* zu legen. Ich habe es zu meiner Aufmunterung und zu meinem persönlichen Vergnügen gemacht, weil es mir ein Bedürfnis war, es zu schreiben. Interpretieren Sie dieses Bedürfnis, wie Sie wollen, als eine Kinderei, als eine Sentimentalität, als einen Aberglauben, es spielt keine Rolle. Nur bitte ich Sie, mir nicht zu antworten, nicht einmal mit einem Dank (den dieses Blatt nicht verdient), sonst rege ich mich von neuem auf.

Hier also schreibe ich Ihnen das *Credo des Jago* ab.

JAGO Ich glaube an einen grausamen Gott, der mich
                                                                                       erschaffen hat
Zu seinem Ebenbild und zu dem ich in Ingrimm rufe.
Aus dem Übel eines Keimes oder eines Atomes
Bin ich übel geboren.
Ich bin verworfen,
Weil ich Mensch bin,

Und ich fühle den Abschaum, aus dem ich stamme.
Ja, das ist mein Glaube!
Ich glaube festen Herzens,
So wie die arme Witwe an ihre Kirche glaubt,
Daß ich das Übel in Gedanke und Tat
Nach meiner Bestimmung erfülle.
Ich glaube, daß das Recht ein Komödiant ist,
Der im Gesicht und im Herzen höhnt,
Daß alles für ihn Lüge ist:
Träne, Kuß, Blick,
Opfer und Ehre.
Schließlich glaube ich, daß der Mensch das Spiel eines
                        ungerechten Schicksals ist.
Vom Keim der Wiege
Bis zum Wurm des Grabes.
Nach all dem Spott kommt der Tod.
Und dann? Und dann? – Der Tod ist das Nichts
Und der Himmel ein altes Märchen.

Sie sehen, wie viel Schurkereien ich ihn sagen ließ.
  Einen herzlichen Gruß an Sie und an Signora Giuseppina
  von Ihrem   A. Boito

VERDI AN BOITO

                                        Genua, 3. Mai 1884
Lieber Boito!
  Da Sie es nicht wollen, werde ich nicht danke sagen.
Aber ich sage, bravo. […]

VERDI AN BOITO

Genua, 21. Januar 1886

Lieber Boito!

Das Ergebnis der langen Besprechung mit Corti und Giulio ist folgendes: Daß ich die Oper noch nicht beendet habe und daß ich nicht weiß, *ob ich sie beenden werde.* Wenn ja, werde ich sie hergeben, immer vorausgesetzt, daß dort die entsprechenden Voraussetzungen erfüllt sind. Keine, nicht die geringste förmliche Verpflichtung! Gesprächsweise habe ich *Maurel, Tamagno, Teodorini* genannt. Aber nachher, als ich die Partitur bedachte und nachschaute, sah ich, daß Tamagno an vielen Stellen ausgezeichnet wäre, aber für das Duett am Schluß des ersten Aktes nicht ausreichen würde. Und noch viel weniger beim Schluß der Oper. Damit würden zwei Akte erfolglos enden (darüber habe ich an Giulio geschrieben). Sie kennen nicht das erste Duett, aber sie kennen den Schluß der Oper. Ich glaube nicht, daß er jene kurze Melodie »*Und du, wie bist du bleich*« wirkungsvoll vortragen könnte, und noch weniger »*Einen Kuß ... einen Kuß noch ...*«, zumal zwischen diesem zweiten und dem dritten Kuß vier Takte für Orchester allein stehen, die mit einem sehr feinen, ergreifenden Spiel auszufüllen sind, das ich mir vorstellte, als ich die Noten aufschrieb. Ein sehr leicht zu bewältigendes Spiel für einen wirklichen Darsteller, aber schwierig, für ... für einen anderen.

Wie Sie wissen, war Gaillard bei mir, und ich bin überrascht, daß er mir nichts von seinem vorherigen Gespräch mit Ihnen gesagt hat. Ich erklärte ihm, daß die Oper noch nicht fertig sei, daß sie in italienischer Sprache geschrieben sei, und zwar in gutem Italienisch, und daß die Uraufführung in italienischer Sprache stattfinden müsse.

Man spricht und man schreibt mir immer von *Jago*!!!

Verdi und Francesco Tamagno, der Otello der Uraufführung

Ich habe eine gute Antwort: »*Otello, und nicht Jago, ist noch nicht fertig!!*« Aber man sagt und schreibt mir weiterhin *Jago, Jago*! – Er ist zwar (das stimmt) der Dämon, der alles bewegt. Aber Otello ist es, der handelt: Er liebt, er ist eifersüchtig, und er bringt sich um. Mir selbst würde es wie Heuchelei vorkommen, die Oper nicht ›Otello‹ zu nennen. Lieber soll man sagen »*Er wollte mit dem Giganten kämpfen und wurde zerquetscht*«, als »*Er hat sich unter dem Titel Jago verstecken wollen*«. Wenn Sie meiner Meinung sind, wollen wir also von heute an die Oper ›Otello‹ nennen. Teilen Sie das gleich auch Giulio mit.

Und die Bittschrift? Das ist eine Freundlichkeit ... die mich verpflichtet ... und sie ist auch »höflich, wenn Sie wollen«, dabei dennoch eine Nötigung. – Aber nein, sie verpflichtet mich überhaupt nicht, weil ich die Oper nicht hergeben werde, wenn ich nicht überzeugt bin ... und im übrigen weiß ich sehr gut, daß alle, die unterzeichnet haben, mit wenigen Ausnahmen, die ersten sein werden, einen Stein nach mir zu schleudern, entsprechend jenem Geist des Herunterreißens, der charakteristisch für unser Zeitalter ist, und zum Ausgleich für die mir erwiesene Freundlichkeit! Stimmt es nicht? ...

Amen.

Addio
G. Verdi

VERDI AN BOITO

Sant'Agata, 14. Mai 1886

Lieber Boito!

Ausgezeichnet, daß Sie die drei Verse beibehalten haben.

....
um einen Jago.

Eine Kleinigkeit noch und ich bin fertig … Das heißt, Sie sind fertig! Wie Sie wissen, hält das Gewitter (soweit es die Musik betrifft) auch während des Auftritts von Otello an und über den Chor mit den sechssilbigen Versen hinaus. Dort sind aber bei dem *Solo* des Otello zu viele Verse, wodurch das Gewitter zu lange unterbrochen wird. Ich denke, die Szene würde nichts verlieren, wenn man sie um vier Verse kürzt. Dann könnte ich für Tamagno eine Gesangsphrase machen, die vielleicht wirkungsvoll wäre – vielmehr, ich habe sie schon gemacht … So:

(wenden)

Usw., usw., usw.
An die Ruder!
        Her zum Strande!!
Legt das Schiff vor Anker!
        Evviva, Evviva!

OTELLO *(an Land gegangen, im Hintergrund der Szene: von oben)*
Jubelt! Der Muselmanen Hochmut
Liegt im Meer begraben. Uns und dem Himmel
        gebührt der Ruhm!
Nach den Waffen besiegte ihn der Orkan. *(Er geht ins Kastell.)*
ALLE Evviva Otello! Sieg! Sieg!

Antworten Sie nur mit einem Wort. Schöne Grüße von Peppina
  Ihr
                                    G. Verdi

BOITO AN VERDI

Quinto, 16. Mai 1886

Bravo!!! Ich stimme voll und ganz dem Strich über die vier Verse zu. Dadurch wird es möglich, den Auftritt Otellos auf die anderen drei Verse zu verschieben, die Sie mir mitteilen. Jetzt ist der Auftritt, der uns nicht befriedigte und nach dem wir suchten, großartig. Eine wirkungsvolle Ausrufung des Siegs, die in einer Entladung des Orkans und in einem Aufschrei des Volkes endet. Bravo. Bravo! Ausgezeichnet auch die Idee, jene Gesangsphrase von einem erhöhten Standort aus singen zu lassen!

VERDI AN BOITO

1. November 1886

Lieber Boito!
   Er ist beendet!
   Heil uns ... (und auch *Ihm*!!)
   Addio.

G. Verdi

Arrigo Boito

KOMMENTIERTES PERSONENVERZEICHNIS ZU ›OTELLO‹

Alle Bühnenkünstler, selbst die begabtesten, sollten die folgenden Worte ihrem Gedächtnis einprägen, die vor drei Jahrhunderten aufgeschrieben wurden und die heute noch die vollkommenste und modernste Einführung in die Vortragskunst sind, die sich denken läßt.

Hier die Anweisung:

»Seid so gut und haltet die Rede, wie ich sie Euch vorsagte, leicht von der Zunge weg; aber wenn Ihr den Mund so voll nehmt wie viele unsrer Schauspieler, so möchte ich meine Verse ebensogern von dem Ausrufer hören. Sägt auch nicht zuviel mit den Händen durch die Luft, so – sondern behandelt alles gelinde. Denn mitten in dem Strom, Sturm und, wie ich sagen mag, Wirbelwind Eurer Leidenschaft müßt Ihr Euch eine Mäßigung zu eigen machen, die ihr Geschmeidigkeit gibt.

O, es ärgert mich in der Seele, wenn solch ein handfester haarbuschiger Geselle eine Leidenschaft in Fetzen, in rechte Lumpen zerreißt, um den Gründlingen im Parterre in die Ohren zu donnern, die meistens von nichts wissen als verworren stummen Pantomimen und Lärm. Ich möchte solch einen Kerl für sein Bramarbasieren prügeln lassen: es übertyrannt den Tyrannen ...

Paßt die Gebärde dem Wort, das Wort der Gebärde an; wobei Ihr sonderlich darauf achten müßt, niemals die Bescheidenheit der Natur zu überschreiten. Denn alles, was so übertrieben wird, ist dem Vorhaben des Schauspieles entgegen, dessen Zweck, sowohl anfangs als jetzt, war und ist, der Natur gleichsam den Spiegel vorzuhalten.

O, es gibt Schauspieler, die ich habe spielen sehen und von anderen preisen hören, und das höchlich, die, gelinde zu sprechen, weder den Ton noch den Gang von Christen, Heiden oder Menschen hatten und so stolzierten und blökten, daß ich glaubte, irgendein Handlanger der Natur hätte Menschen gemacht, und sie wären ihm nicht geraten; so abscheulich ahmten sie die Menschheit nach.«

[DEUTSCH VON A. W. VON SCHLEGEL]

Diese Worte stehen bei Shakespeare (*Hamlet*, III. Akt, 2. Szene), und es sind drei Jahrhunderte vergangen, nicht ein Jahr mehr, nicht ein Jahr weniger, seit dem Tage, da sie zum erstenmal im Jahre 1558 gesprochen wurden. Wir hielten es für nützlich, den Bühnenkünstlern diese Worte in Erinnerung zu rufen, bevor wir mit breiten Strichen und überdeutlich für das Verständnis derjenigen, die es lesen sollen, die wesentlichen Charakterzüge der Personen im *Otello* aufzeichnen.

Beginnen wir mit dem, der der Tragödie den Namen gegeben hat.

OTELLO
Mohr. General der Republik Venedig. Hat die vierzig Jahre überschritten. Kraftvolle und rechtschaffene Erscheinung eines Kriegsmannes. Einfach im Auftreten und in der Haltung. Sein Befehl ist gebieterisch, sein Urteilen gelassen. Man denke nur an die Szene nach dem Zweikampf im ersten Akt, um diese Eigenschaften seines Wesens zu erkennen. Dieser Akt zeigt ihn in seinem ganzen Glanz, in seiner ganzen Kraft, in seinem ganzen Feuer. Seine ersten Worte dröhnen im Orkan, sie verkünden Sieg. Seine letzten Worte gelten seinem Verlangen nach dem Kuß, seinem Verlangen nach Liebe. Zuerst sieht man

den Helden, dann den Liebenden, und man muß sich der Größe des Helden bewußt werden, um verstehen zu können, wie würdig er ist, geliebt zu werden, und welcher Leidenschaft er fähig ist. Dann entsteht aus dieser wunderbaren Liebe die schreckliche Eifersucht, das Werk von Jagos Verschlagenheit. Vernunft und Gerechtigkeitssinn leiten Otellos Handlungen bis zu dem Augenblick, wo Jago (der ehrlich scheint und dafür gehalten wird) es fertigbringt, die Herrschaft über ihn zu gewinnen. Von diesem Moment an (der Darsteller muß dies deutlich herausarbeiten) verwandelt sich der ganze Mensch, und es ist gerade das heimtückischste Wort Jagos, im zweiten Akt, das diese Veränderung bewirkt: »*Auch wenn Ihr meine ganze Seele in Händen hieltet, würdet Ihr es nicht erfahren!*« Otello schreit auf, und Jago fährt fort: »*Hütet Euch, Herr, vor der Eifersucht!*« – »*Die Eifersucht!*« Das Wort ist ausgesprochen. Jago hat erst einmal das Herz des Mohren verwundet, dann legt er den Finger auf die Wunde. Die Folter hat für Otello begonnen. Der Mensch wird ein anderer. Er war bei Verstand, nun redet er irre, er war stark, nun ist er zerbrochen, er war rechtsbewußt und redlich, nun begeht er Verbrechen, er war gesund und unbeschwert, nun ächzt er und stürzt und fällt in Ohn-

Kostümentwurf von Charles Bianchini für die Pariser Erstaufführung 1894 (Otello im 4. Akt)

macht wie ein vergifteter oder von Epilepsie befallener Körper. Und Jagos Worte sind in der Tat Gift, das in das Blut des Mohren injiziert wurde. Das schicksalhafte Voranschreiten dieser moralischen Vergiftung muß in seinem ganzen Grauen dargestellt werden. Otello macht Schritt für Schritt die schrecklichsten Qualen des menschlichen Herzens durch, den Zweifel, die Raserei, den tödlichen Sturz. Er ist das große Opfer der Tragödie, das große Opfer eines Jago. Wenn die Personifizierung einer abstrakten Idee auf dem Theater nicht ein nüchterner, falscher, törichter und veralteter Kunstgriff wäre, könnte man behaupten, Otello ist die Eifersucht und Jago ist der Neid.

JAGO
Jago ist der Neid. Jago ist ein Bösewicht. Jago ist ein Kritiker. Shakespeare charakterisiert ihn im Personenverzeichnis so: *Jago, ein Bösewicht,* und er fügt kein Wort hinzu. Auf dem Platz in Zypern beschreibt Jago sich so: »*I am nothing if not critical*«*, ich bin nichts als ein Kritiker*. Er ist ein mißgünstiger und übelwollender Kritiker, er sieht das Böse in den Menschen, in sich selbst: »*Ich bin ein Bösewicht, weil ich ein Mensch bin*«, er sieht das Böse als Böses in der Natur, in Gott. Er tut das Böse um des Bösen willen. Er ist ein Künstler der Hinterlist. Der Anlaß seines Hasses gegen Otello ist nicht sehr schwerwiegend, wenn man bedenkt, welche Rache er deswegen verübt. Otello hat statt seiner Cassio zum Hauptmann ausersehen. Doch dieser Anlaß genügt ihm. Wäre er gewichtiger, so verringerte das den Frevel. Ihm bietet dieser Anlaß Grund genug, den Mohren zu hassen, Cassio zu beneiden und so zu handeln, wie er es tut. – Jago ist der wirkliche Urheber des Dramas, er erfindet die Fäden, sammelt sie, knüpft sie, verwickelt sie.

Der gröbste Fehler, der billigste Irrtum, in den ein Darsteller verfallen könnte, der sich daranwagt, diese Gestalt zu interpretieren, wäre, sie als eine Art Dämon in Menschengestalt vorzustellen, ihr die mephistofelische Maske vors Gesicht zu legen, sie satanische Blicke werfen zu lassen. Ein solcher Darsteller würde beweisen, daß er weder Shakespeare noch die Oper, um die es hier geht, verstanden hat.

Jedes Wort Jagos kommt von einem Menschen, einem ruchlosen Menschen, aber von einem Menschen. Er muß jung und gut aussehend sein, Shakespeare gibt ihm achtundzwanzig Jahre. Cinzio Giraldi, der Autor der Novelle, der Shakespeare den Stoff zu seinem Meisterwerk entnahm, sagt über Jago: »*Ein Fähnrich von sehr anziehendem Äußeren, aber von der schändlichsten Anlage, die jemals auf der Welt ein Mensch hatte.*«

Er soll ansehnlich sein und jung, aufrichtig und beinahe gutmütig wirken. Er wird von jedem für ehrenhaft gehalten außer von seiner Frau, die ihn gut kennt. Wenn er nicht den großen Reiz von persönlichem Charme und einer vertrauenerweckenden Erscheinung hätte, so könnte er nicht durch Verstellung zu solcher Macht kommen, wie es der Fall ist.

Einer seiner Kunstgriffe ist die Fähigkeit, die er besitzt, sein Erscheinungsbild je nach den Personen zu verändern, mit denen er gerade spricht, um sie besser hinters Licht zu führen und sie zu beherrschen.

Ungezwungen und jovial mit Cassio, mit Rodrigo spöttelnd. Bei Otello erscheint er gutherzig, respektvoll, ergeben, unterwürfig, bei Emilia brutal und drohend, vor Desdemona und Lodovico ehrerbietig. So ist das Wesen, so ist die Erscheinung, so die verschiedenen Gesichter dieses Menschen.

DESDEMONA

Den Damen, die diese Gestalt zu verkörpern haben, ist zu empfehlen, keine schönen Augen zu machen, nicht mit dem Körper und den Armen zu agieren, nicht mit langen Schritten einherzustolzieren und nicht auf sogenannte »*Wirkungen*« aus zu sein. Wenn die Darstellerin intelligent ist und Achtung vor dem Kunstwerk hat, wird sie Eindruck machen, ohne danach zu trachten. Ist sie nicht intelligent, werden ihr auch solche Bemühungen nichts nützen. Die Miene, der Blick, der Tonfall, das sind die drei Quellen des Ausdrucks in der darstellenden Kunst. Abgesehen von Ausnahmefällen, wo das Grauen bis zum äußersten geht, wird die ungekünstelte Miene, der offene Blick, der natürliche Tonfall jeden Schmerz und jede Freude ausdrücken können. Ein tiefes Erleben von Liebe, von Reinheit, von Adel, von Sanftmut, von Arglosigkeit, von Ergebung muß in dieser so keuschen und ausgeglichenen Gestalt der Desdemona in Erscheinung treten. Je natürlicher und maßvoller ihr Spiel ist, desto mehr wird die Anteilnahme des Zuschauers geweckt, wobei die Anmut der Jugend und der Schönheit diesen Eindruck noch ergänzt.

EMILIA

Jagos Gattin, der Desdemona ergeben. Sie verabscheut ihren verschlagenen Gatten, sie fürchtet ihn und leidet unter seinen Ausfällen und seiner Herrschsucht, sie kennt seinen bösartigen Charakter. Doch schließlich deckt sie seine Schandtaten auf mit der ganzen Kraft und dem Mut eines unterdrückten Geschöpfes, das sich auflehnt.

CASSIO
Hauptmann der Republik Venedig. Schön, sehr jung, fröhlich, lebhaft, schmucker Eroberer leicht zu nehmender Frauen. Er ist etwas eingenommen von seinen wechselhaften Liebesabenteuern, ein wenig eitel, aber ein tapferer Soldat, der sich mit dem Degen in der Hand zu verteidigen weiß. Guter Fechter, wachsamer Hüter der eigenen Ehre.

RODRIGO
Ein junger venezianischer Herr, reich, elegant und sterblich, aber platonisch verliebt in Desdemona, ohne daß sie es weiß. Er ist ein Schwärmer, etwas naiv, ein Träumer, der sich von Jago irreführen und beherrschen läßt. Jago benützt ihn als gefügiges und widerstandsloses Instrument zur Ausführung seiner Machenschaften.

LODOVICO
Senator der Republik Venedig. Gesandter auf Zypern. Seriöse Persönlichkeit, wenn auch noch jung an Jahren. In ihm erscheint ein Mann, der würdig der hohen Aufgaben ist, die man ihm übertragen hat. Er besitzt eine große Autorität im Auftreten und in seiner Rede.

MONTANO
Vorgänger Otellos als Befehlshaber auf Zypern. Ein pflichtgetreuer Kriegsmann, tüchtiger Fechter, tapferer Soldat, strenger Kommandant.

SANTIAGO – DER MAURENTÖTER

Als General Franco während des Spanischen Bürgerkriegs seine Soldaten in den Kampf gegen die Republik schickte, gab er ihnen den Schlachtruf »Santiago, hilf!« mit auf den Weg. Diese Parole hatte spanische Soldaten seit über tausend Jahren begleitet. Erstmals hatte der Heilige Apostel Jakobus der Ältere, unter dem Namen Santiago in Compostela verehrt, im Jahre 845 in der Schlacht von Clavijo den christlichen Spaniern im Kampf gegen die maurischen Eroberer der Iberischen Halbinsel beigestanden: Der christliche König Ramiro I. wehrte sich gegen die Forderung des Emirs von Córdoba, als Tribut einhundert Jungfrauen zu übergeben. Im entscheidenden Kampf erschien am Himmel der Heilige Jakobus auf einem weißen Pferd, in einer Hand ein weißes Banner mit einem blutroten Kreuz, in der anderen Hand ein flammendes Schwert. Er setzte sich an die Spitze des christlichen Heeres, und es begann ein Gemetzel, in dessen Verlauf Santiago eigenhändig sechstausend Mauren abschlachtete. Von da an war er der Schutzheilige der Reconquista, der Rückeroberung Spaniens durch die Christen von den Arabern, die sich bis Ende des 15. Jahrhunderts hinziehen sollte. Als Beinamen erhielt er den Titel »Matamoros« – »Maurentöter«. Unzählige Darstellungen zeigen Santiago als siegreichen Kämpfer gegen die Mauren, das erhobene Schwert in der Hand. Der im nordwestlichen Spanien gelegene Ort Santiago de Compostela, an dem die Gebeine des Apostels begraben liegen (sollen), war seit dem frühen Mittelalter neben Rom und Jerusalem das wichtigste Pilgerziel der christlichen Welt. Die Jakobspilger, mit Hut, Stab und Jakobsmuschel als Zeichen, strömten zu vielen Tausenden aus ganz Europa nach Santiago de Compostela. Auch in

England war ihr Bild und der Beiname des heiligen Jakobus – Santiago Matamoros / St. James, the Moor-slayer – jedem vertraut (1484 z.B. wird von dreiundsechzig voll besetzten Schiffen berichtet, die Pilger von den Britischen Inseln nach Spanien brachten), auch wenn nach der Trennung Englands von der römischen Kirche und der Eskalation des Konflikts mit Spanien Ende des 16. Jahrhunderts diese Pilgerfahrten natürlich ein Ende fanden.

An diese Sachverhalte knüpfen sich Überlegungen des amerikanischen Anglisten G. N. Murphy zu der Figur des Iago in Shakespeares Tragödie *Othello*. Sie werfen ein interessantes Licht auf den unerklärlichen, abgrundtiefen Hass Iagos auf Othello, den kaum ein Interpret befriedigend zu deuten weiß. Shakespeare hätte demnach die Assoziationen, die der Name »Iago« (den Shakespeare mit I und Boito mit J schreibt) auslösen musste, bewusst eingesetzt. Murphy versucht, die Reaktion eines elisabethanischen Zuschauers des Jahres 1604 zu rekonstruieren: »Solch ein Zuschauer, gekommen um die Tragödie von *Othello, the Moor of Venice* (*Othello, der Mohr von Venedig* – das englische ›moor‹ macht keinen Unterschied zwischen ›Mohr‹ und ›Maure‹) zu sehen, wäre durch Rodrigos zornige Erwähnung des Namens ›Iago‹ in der zweiten Zeile des Stücks sofort aufmerksam geworden: ›Sag mir nur nichts, … / Daß Iago, du, … / … die Sache schon gewußt‹ (deutsch von Wolf Graf Baudissin). Die Verschränkung des erstgenannten Namens und der Titelfigur musste automatisch ein Gefühl von Konflikt heraufbeschwören. Zwar wüsste der Zuschauer in diesem Augenblick noch nichts von Othellos Rolle in diesem Konflikt, aber er würde ahnen, dass zwei Figuren wie ›the Moor‹ und Iago nicht zusammenpassen können. Ja, er würde gegenüber Iago allein wegen seines Namens ein Misstrauen entwickeln und eine distanzierte, eher skeptische Haltung einnehmen, wenn Iago seine Klagen über seinen Vorgesetzten führt.

Wie auch immer, der ironische Blick des Zuschauers auf den zentralen Konflikt wäre sofort aufs Dramatischste geweckt, sobald Iago am Ende seiner 25-zeiligen Klage erstmals die Identität seines Herrn enthüllt: ›Der [Cassio], wohl bekomm's ihm, muß sein Leutnant sein,/Und ich – Gott besser's! – seiner Mohrschaft Fähndrich.‹ Hier käme der Topos von Santiago Matamoros aufs Deutlichste ins Spiel und gäbe der ›harmlosen‹ Exposition einen sich verstärkenden schrecklichen Unterton, zumal jede neue Erwähnung Othellos (nicht als Name, sondern als ›moor‹) die Natur des Gegners unterstreicht: ›… Urteilt nun selbst,/ Ob mich wohl irgend Recht und Dank verpflichtet,/Zu lieben diesen Mohren./…/'s ist so gewiß, als Ihr Rodrigo heißt,/Wär' ich der Mohr, nicht möcht' ich Iago sein.‹ Die letzten drei Zeilen, die zunächst nur eine geschickte Erwähnung der Namen zu sein scheinen, zeichnen den Othello-Iago-Konflikt aufs Deutlichste nach: Es ist nichts anderes als teuflisches Understatement, wenn Iago sagt, wäre er der Mohr, wäre er nicht Iago.

Der Zuschauer müsste nun warten, um mehr über Othello zu erfahren, aber er wüsste bereits, was er von Iago zu halten hätte. Genauere Motive könnten später kommen, doch bereits jetzt hätte der Name ›Iago‹ einen stark dissonanten Klang.« (G. N. Murphy, *A Note on Iago's Name*, 1964)

An diese Überlegungen knüpfte jüngst der Literaturwissenschaftler Edward W. Said an, indem er den Konflikt zwischen Jago und Otello in den Zusammenhang der Auseinandersetzung verschiedener Kulturen, etwa des Islam und der westlich-christlichen Welt, stellte.   R. W.

Der Hl. Jakobus als Maurentöter (Santiago de Compostela)

Paul Münch

DAS »SCHOKOLADENPROJEKT«

Die Briefe, die seit der zweiten Hälfte des Jahres 1879 zwischen Verdi, dem Verleger Giulio Ricordi und Arrigo Boito, dem Librettisten, gewechselt wurden, werfen ein eigenartiges Licht auf die Entstehungsgeschichte des dramma lirico *Otello*. Ricordi und Boito wollten den verehrten Maestro, der sich zurückgezogen seinen Gütern in Sant'Agata widmete, behutsam zur Komposition einer neuen Oper bewegen. Sie sprachen nicht offen über die Pläne zur Vertonung der shakespeareschen Vorlage, sondern verdeckt und in merkwürdig verspielter Metaphorik. Verdi selbst und die wenigen anderen, die von dem Plan wussten, ließen sich zu dieser Camouflage gerne verlocken. Man nannte das Vorhaben das »Schokoladenprojekt« und sprach übereinstimmend von »Schokolade« oder »Kakao«, wann immer von *Otello* die Rede war. Der Librettist »fabrizierte die Schokolade«, kommentierte freudig den Fortschritt des Unternehmens – »... die Schokolade kocht, kocht, kocht!« – und konnte dem Verleger bald mit »dem warmen und fertigen« Produkt aufwarten. Bereits im September waren sich die Verschwörer ziemlich sicher, den Freund für das Projekt gewonnen zu haben: »Es hat den Anschein, daß die Schokolade im Ofen ist.« Gleichwohl wiegelte Verdi noch um die Mitte des Monats gegenüber Ferdinand Hiller, einem deutschen Musikerfreund, ab: »Was mich angeht, beschäftige ich mich nur mit Bauten und Landwirtschaft. Die Musik ist in meinem Cembalo verschlossen und, da Ihr mich danach fragt, *Otello* schläft ruhig und hat bisher weder Desdemona noch irgendein Publikum umgebracht.« Erst am

18. November 1879 zeigte der Maestro endlich Initiative: »In diesem Augenblick erhalte ich die Schokolade. Ich werde sie heute abend lesen.« Die Verschwörer ließen nun nicht mehr locker, obgleich der Komponist die Arbeit mehrfach unterbrach und den Mohren mitunter »etwas schlafen« legte. Sie erinnerten den Meister weiterhin mit scherzhaft gemeinten Aktionen an das Vorhaben. Zu Weihnachten 1881 ließ Ricordi das übliche Kuchengeschenk seiner Firma, einen Panettone, mit einem kleinen Schokoladenmohren verzieren. Ein Jahr später lieferte er das Figürchen ohne Beine, eine Mahnung, die dem säumigen Komponisten das Geständnis geringer Fortschritte entlockte: »Und Ihr glaubt wirklich, dass nur die Beine fehlen? Ich glaube hingegen, daß Beine, Kopf, Brust, Arme, – – alles, alles, alles fehlt.« In der Tat konnte der Komponist seinem Librettisten erst am 1. November 1886 jubelnd die Fertigstellung *Otellos* vermelden: »Er ist beendet! Heil uns … (und auch *Ihm*!!)«.

»… RECHT DAS ELEMENT IRRDISCHER LEIDENSCHAFTEN.«
Die merkwürdigen metaphorischen Anspielungen des »Schokoladenprojekts« kontrastieren mit ihren Verniedlichungen zu auffällig mit der Tragik der *Otello*-Handlung, als dass man sie einfach als kindische Scherze abtun könnte. Sie spiegeln etwas von der zwischen Aggression und Zuneigung schwankenden Befangenheit der ›weißen‹ Europäer im Umgang mit ›Schwarzen‹, die sich seit der Antike zunehmend verstärkt hatte. In einem Jahrhunderte währenden Prozess verdüsterte sich das Bild des »Schwarzen«, das zu Beginn positive und negative Züge gezeigt hatte, zu jener hässlichen Fratze, wie sie schließlich tausendfach in physiognomischen Theorien, in wissenschaftlichen Rassendiskursen und in der Publizistik gezeichnet

wurde. Während des Mittelalters trug die dunkle Hautfarbe im christlichen Europa noch nicht durchweg den Makel der Verachtung. Schwarze Madonnen genossen große Verehrung, die Gnadenbilder auf dem Montserrat, in Tschenstochau oder Altötting waren und sind Ziele hoffnungsvoller Wallfahrten. Schwarze Helden und Fürsten, wie der Hl. Mauritius oder der dunkelhäutige Balthasar im Trio der Heiligen Drei Könige, standen in hohem Ansehen. Im Laufe der Jahrhunderte verdunkelte sich allerdings langsam das Bild jener Menschen, deren Hautfarbe von den in Europa gewohnten Tönungen abwich. Theologen zeichneten den Teufel als einen »schwarzen Mann«, und manche Kreuzritter vermochten, je härter die Kämpfe um das Heilige Land entbrannten, in ihren muslimischen Gegnern nur noch »schwarze Heiden« zu sehen, die sie mit den finsteren Mächten der Hölle im Bündnis glaubten. Die dunkelhäutigen »Zigeuner«, die zu Beginn des 15. Jahrhunderts nach Europa gekommen waren und die man zu den »Schwarzen« rechnete, galten bald als Inbegriff des Bösen; bis heute unterliegen sie stigmatisierenden Diskriminierungen. Die dunkle Hautfarbe erklärte man anfänglich theologisch als Strafe für die Vergehen Kains oder Chams oder rational als Folge klimatischer Einflüsse.

Erst im 18. Jahrhundert, als man daranging, die Menschheit in fünf Hautfarbengruppen (schwarz, weiß, braun, gelb, rot) auseinander zu dividieren, entstand das durchweg negativ belastete Image des »Schwarzen« oder »Negers«. Nun zeichneten »wissenschaftliche« Abhandlungen jenes abschätzige Rassebild dunkelhäutiger Menschen, das auf einem festgefügten Ensemble biologischer Eigenschaften gründete. Fortan galten nicht mehr nur Haut-, Haar- und Augenfarbe, Schädelform und Körperbau als bedeutsame Faktoren, nach denen die ethnischen Gruppen unterschieden wurden. Wert oder Unwert der verschiedenen »Rassen« des Menschengeschlechts maßen sich bald exklusiv an der je unterschiedlichen intellektuellen, psychischen und moralischen Disposition, die man deterministisch vom äußeren Habitus ableitete. Die »Schwarzen« waren in diesen Konzepten durchweg auf der untersten Sprosse der Rassenleiter angesiedelt, gewissermaßen als Zwischenglieder, die das Menschenreich mit dem Tierreich verbanden; manchen galten sie kaum als Menschen. Die größten Geister der Zeit teilten solche Anschauungen. »Die Negers von Afrika haben von der Natur kein Gefühl, welches über das Läppische stiege«, notierte der Philosoph Immanuel Kant 1764. Er betonte, der Unterschied zwischen Schwarzen und Weißen »in Ansehung der Gemütsfähigkeiten« wäre ebenso groß wie der Farbunterschied. Das einflussreichste Rassensystem entwarf 1775 der Göttinger Medizinprofessor Johann Friedrich Blumenbach. Er sah die gelbbraunen Mongolen und die schwarzen Äthiopier als Entartungen der hellhäutigen Urrasse der »Kaukasier«, die kupferroten Amerikaner und die schwarzbraunen Malaien erklärte er zu Übergangsrassen. Der Philosoph Christoph Meiners, Blumenbachs Göttinger Kollege, simplifizierte das Modell und unterschied nur noch zwei Hauptrassen, eine »helle, schöne« und eine »dunkle, hässliche«. Carl Gustav Carus unterteilte die Erdbevölkerung schließlich in Tag-, Nacht- und Dämmerungsvölker, wobei er zu den Nachtvölkern »die körperlich und geistig unvollkommener ausgestatteten Neger« rechnete, deren »Geistesbefähigung« eine »niedrigere, als die aller andern Stämme« sei. Diese »Wissenschaftler«, deren Ansichten bald popularisiert wurden, legten die wirkungsmächtige Basis einer hierarchischen

Der in Westafrika geborene schwarze Schauspieler Ira Aldrige unternahm in der Titelrolle von Shakespeares Othello *mit sensationellem Erfolg zwischen 1825 und 1867 von London aus Tourneen durch ganz Europa und die USA. Er war Schüler des berühmten englischen Shakespeare-Darstellers Edmund Kean, sein Spiel hatte offenbar den Reiz des »Authentischen«. In einer zeitgenössischen Kritik hieß es: »Seine Wildheit ein indischer Vulkan, seine Milde ein Rieseln des Bachs, der mit Blumen spielt ...«*

Rassenleiter, auf der die Gobineaus des 19. und die völkischen Rassetheoretiker des 20. Jahrhunderts weiterklettern konnten.

Bald ging man überdies dazu über, den Rang jeder Rasse mit Zollstock und Winkelmaß festzulegen. Kraniologen, wie der holländische Arzt Pieter Camper, vermaßen die Köpfe und schlossen aus dem Winkel vom Kinn bis zur Stirn auf Wert oder Unwert einer »Rasse«. Für Camper galt: Je steiler der Winkel vom Kinn bis zur Stirn, desto höherwertiger die Rasse. Entsprechend bildete bei ihm die Kette der Lebewesen eine fallende Linie von den antiken Griechen und Römern über die Europäer, Asiaten und Indianer bis hinunter zu den »Negern«, Affen und Schnabeltieren. Franz Joseph Gall entwickelte mit der Phre- nologie eine psycho-physiologische Schädellehre, die behauptete, aus den Wölbungen am Kopf auf seelische Anlagen schließen zu können. Danach deutete etwa ein breiter Nacken auf einen starken Geschlechtstrieb, eine Wölbung unmittelbar über und hinter den Ohren auf Mordsinn, ein Wulst an den inneren hinteren Winkeln der Seitenwandbeine auf Ruhmsucht und Eitelkeit. Der kranioskopische Zugriff erfolgte insbesondere auf Kosten der »Nachtvölker«. Carl Gustav Carus etwa schloss »bei stark hervortretendem Hinterhaupte« auf ein Vorherrschen des Aggressionstriebes. Häufig werde jene »Schädelform bei den Negern angetroffen, und es zeigen diese auch bekanntlich nicht selten eine wahrhaft tigerartige Wuth«. Bei diesem Menschenschlag herrsche das vegetative Leben vor, Verstand und Wille seien zu schwach ausgebildet, um »der Versuchung zum Morde überall zu widerstehen«.

Besonders populär wurden die Anschauungen der Physiognomik, welche schon vor den wissenschaftlichen Rassenlehren, in die sie vielfach einmündeten, aus der körperlichen Beschaffenheit auf innere Veranlagungen geschlossen hatten. Auch laut dieser Lehre sollten bereits am Gesicht eines Menschen seine intellektuellen, psychischen und moralischen Vorzüge oder Defizite ablesbar sein. Die Physiognomiker stigmatisierten die Angehörigen der »schwarzen Rasse« ebenfalls in eindeutiger Weise, wenngleich eher assoziativ und weniger systematisch. Der Bestseller dieses Genres, Johann Caspar Lavaters *Physiognomische Fragmente* aus dem Jahre 1778, zeichnet einen stehenden Mohren folgendermaßen: »Hitze und Weichheit, scharfe Sinnlichkeit ohne Nachdenken [...]. Recht das Element irrdischer Leidenschaften.« Das »Mohrische« prägt insbesondere das Gesicht in spezifischer Weise: »Das Bogigte im Umrisse des ganzen Gesichtes; die Breite der Augen; die Zerdrücktheit der Nase; besonders aber die so stark aufgeworfenen, vorhängenden, zähen Lippen; entfernt von aller Feinheit und Grazie.« Alle Äußerlichkeiten stehen bei Lavater nicht nur in geheimer Korrespondenz – »Schwarze krause [Haare] werden sich nie an einem sehr feinen, zarthäutigen, markigten Kopfe finden« –, sie verweisen stets auch auf das Innere eines Menschen: »Sehr fleischige Lippen haben immer mit Sinnlichkeit, Trägheit und Prasserey zu kämpfen.« Das Image des unzivilisierten und mordlustigen Schwarzen, dessen kriminelle Veranlagung seinen Gesichtszügen unauslöschlich eingeschrieben schien, war in Italien in einer besonders desavouierenden Variante verbreitet. Der Turiner Anthropologe Cesare Lombroso hatte 1876 eine einflussreiche Schrift mit dem Titel *L'Uomo Delinquente* publiziert, die 1889 bereits in 4. Auflage und bald in mehreren europäischen Sprachen vorlag – ein Bucherfolg exakt zur Zeit, in welcher das »Schokoladenprojekt« am »Kochen« war. Lombroso ist gewissermaßen der Erfinder jenes entlarvenden Blicks, der den potentiell Kriminellen bereits an seiner »Visage« erkennen und damit dem Staat die Möglichkeit der Verbrechensprävention eröffnen will. Alle Vorurteile der Klimatheorie, der Physiognomik und Rassenlehre fließen bei diesem gnadenlosen Diagnostiker und seinen Jüngern zu einem negativen »Schwarzen«-Bild zusammen, das, Lavater noch übertreffend, einen »Neger« beispielsweise allein wegen seiner »fleischigen, geschwollenen und vorstehenden Lippen« zum Frauenschläger und Mörder stempelt.

Die negative Bewertung der schwarzen Hautfarbe setzte sich in ganz Europa fest. Sie beherrschte die Wissenschaft und den populären Diskurs. Bis heute begleiten im Sprachgebrauch abschätzige Assoziationen dunkle Farbtöne. Sie stehen nicht nur traditionell für Trauer und Schmerz, auch in vielen sprachlichen Varianten ist die negative Konnotierung des Schwarzen lebendig geblieben, vom »Schwarzen Freitag«, der »Schwarzen Magie«, dem »Schwarzen Schaf«, dem »Schwarzen Peter«, dem »Finsterling« bis hin zum »Schwarzseher«, »Schwarzgänger« und »Anschwärzer«. Im Kontext der kolonialen Expansion Europas entstand das bekannte Lied von den *Zehn kleinen Negerlein*, die, pleonastisch auf ein Mindestmaß zurückgestutzt, der Reihe nach zu Tode kommen, weil sie zu dumm oder zu gierig sind, um am Leben zu bleiben. Kaum weniger rassistisch sind die bekannten Kindergartenspiele vom »Schwarzen Mann« oder der »Schwarzen Köchin«, zu schweigen von den beliebten Fahrtenliedern des Typs *Heiß brennt die Äquatorsonne* oder *Negeraufstand ist in Kuba*. Noch beklemmender muten jene im »zivilisierten« Europa käuflichen Produkte an, welche den »Neger« als »stummen Diener« zu einem Möbelstück degradieren oder ihn gar als delikate Süßspeise anpreisen, mit deren Verzehr man hierzulande symbolisch den angeblichen Kannibalismus der »Schwarzen« retourniert. Der »Mohrenkopf«, der spätestens seit dem 18. Jahrhundert bekannt ist und den das *Grimm'sche Wörterbuch* als ein in Thüringen und Obersachsen verbreitetes »rundes biscuitgebäck mit chokoladengusz« definiert, erscheint geradezu als Pars-pro-toto-Symbol der ›Nigrophagie‹ (Florian Deltgen). Vom »Mohrenkopf« zu »Otello« ist kein weiter Weg, wie Adolf Heckmanns klassisches Konditorei-Fachbuch bezeugt: »Mohrenkopf – wird in manchen Gegenden Indianer, Otello oder Schokoladenballen genannt.«

SCHWARZE SATANE, ORANG-UTANS UND MÖRDER

Wie weit waren Vorbehalte gegenüber »schwarzen« Menschen im Italien Verdis verbreitet? Eine Novelle mit dem Titel *L'alfier nero (Der schwarze Läufer)*, die der Librettist Arrigo Boito 1867 publiziert hatte, gewährt einen Blick in das rassistische Vorurteilsreservoir im Umkreis des »Schokoladenprojekts«. Der Clou der Handlung besteht darin, dass sich bei einem Schachspiel in der Halle eines Schweizer Mineralbades ein zu Reichtum gekommener ehemaliger schwarzer Sklave und ein wohlhabender weißer Amerikaner als Protagonisten zweier verfeindeter Rassen gegenüberstehen. Ihr Kampf stellt eine symbolische Reminiszenz an den gescheiterten Freiheitskampf der schwarzen Sklaven von Jamaica dar, vielleicht auch einen zeitgeschichtlichen Kommentar zum gerade beendeten Sezessionskrieg in den USA, der mit dem Sieg des Nordens über den Süden die Sklavenbefreiung eingeleitet hatte.

Bereits die Nachricht vom Erscheinen des »Schwarzen« löst bei den Gästen alle jene Aversionen aus, die das in Jahrhunderten aufgefüllte, wohlmunitionierte rassistische Arsenal bereithielt. Einen erinnert dieser neue »Uncle Tom« an den Satan selbst, einen anderen an einen Orang-Utan, ein Dritter glaubt, einem Mörder mit geschwärztem Gesicht begegnet zu sein. Der Amerikaner, der später zum Kampf antreten wird, entsinnt sich zur Erklärung des erbitterten Antagonismus der Rassen gar noch der alten Geschichte Chams und Japhets, deren Nachkommen von Gott durch die schwarze und weiße Hautfarbe getrennt worden seien. Er erzählt, er habe sich einst für die Schwarzen eingesetzt, doch wann immer er im Andersfarbigen den Menschen gesucht habe, sei er auf eine Bestie gestoßen.

Die Beschreibung der Kontrahenten folgt bis in die Details den bekannten »wissenschaftlichen« und populären Klischees. Ein blondbärtiger Weißer in hellen Kleidern, dessen kräftige Stirnhöcker über den Brauen nach der Gall'schen Lehre auf berechnendes Kalkül schließen lassen, spielt mit den elfenbeinernen Figuren, mit den schwarzen aus Ebenholz ein dunkel gekleideter, krausköpfiger, bartloser »Neger« mit wulstig aufgeworfenen Lippen, dessen Vorderhauptwölbungen dem kundigen Phrenologen Schlauheit und Zähigkeit verraten. Der Weiße mit dem überlegenen Intellekt des bewährten Schachmeisters führt seine Figuren in streng geometrischer Schlachtordnung, der »Neger« hingegen folgt mit »sklavischem Naturell« und »äthiopischer List« der wilden Taktik scheinbar kompletter Unordnung. Doch obgleich der Amerikaner drückend überlegen scheint, obsiegt am Ende der »Schwarze« mit Hilfe seines beschädigten schwarzen Läufers, der ihm in Erinnerung an den Sklavenaufstand übermächtige, geradezu hypnotische Kräfte verleiht. Damit vermag der »Neger«, ein Bruder des ehemals unterlegenen Anführers der Aufständischen, die Niederlage seiner Landsleute zu rächen, wenngleich um den Preis seines eigenen Todes. Der Unterlegene erschießt den Sieger.

OTELLO »MIT DEN WULSTIGEN LIPPEN«
Obgleich Boitos Novelle, etwa in der Charakteristik von »Schwarz« und »Weiß«, interessante Vergleichsperspektiven eröffnet, scheinen sich im Libretto des *Otello* die vielen rassistischen Klischees der Erzählung weitgehend verflüchtigt zu haben. Entsprechend der Prägnanz und Kürze des Textbuches charakterisiert der Autor die Hauptpersonen höchst sparsam, gerade auch in ihrer körperlichen Erscheinung. Doch ausführliche Schilderungen waren gar nicht mehr nötig, weil die Grammatik physiognomischer oder phrenologischer Signale längst zum Alltagswissen gehörte. Gegenüber der Vorlage Shakespeares, die differenzierte Personencharakteristiken geboten hatte, bedurfte Boito nur noch weniger Reizwörter, um automatisch alle jene Vorurteile und Rassenstereotype auszulösen, welche in der zweiten Hälfte des 19. Jahrhunderts in Europa verbreitet waren. Ohne nachdenken zu müssen, wusste jeder, dass ein »Mohr« einen eher vom Gefühl als vom Verstand geleiteten Menschen bezeichnete, dessen Wesen von Natur aus unberechenbar, impulsiv, ja aggressiv und mörderisch sein konnte, ganz so wie sie im Kommentar des Chors (3. Akt, 7. Szene) beschrieben wird: »Dieser schwarze Mann bringt Unheil, und ein blinder

Wahn des Todes und Schreckens wütet in ihm.« So gesehen ist die Hautfarbe Otellos durchaus keine *quantité négligeable*, sie fungiert vielmehr als geheime Determinante der gesamten Handlung. Mag der Mohr äußerlich auch noch so hoch steigen, das Bewusstsein seines rassischen Minderwerts, das seine Handlungen bestimmt, bleibt seiner Person unauslöschlich eingeschrieben: »Indegno moro.« Wenn Jago gleich eingangs im Gespräch mit Roderigo den General als »Mohren« charakterisiert und »die düsteren Küsse jenes Wilden mit den wulstigen Lippen« beschwört, dann dürften sich die Kenner und Liebhaberinnen Lavaters und Lombrosos der sinnlichen und mörderischen Anlagen erinnert haben, die unentrinnbar mit solchen körperlichen Eigenheiten verbunden sein konnten. Bereits bei Lavater hatte man lesen können: »Wie die Lippen, so der Charakter.«

Die schwarze Farbe Otellos bildet insgesamt den dunklen Bezugspunkt, der die Umgebung des Mohren in spezifischer Weise einfärbt und die Charakteristik der übrigen Personen prägt. An Verdis Jagobild zeigt sich, wie sehr auch der Maestro in rassistischen Mustern und Paletten dachte, wenngleich mitunter in symbolischer Verkehrung. Während er Otello nach Mohrenart hell und auffällig gekleidet sehen wollte, sollte

Hans Nocker als Otello, Komische Oper Berlin 1959 (Regie: Walter Felsenstein)

der moralisch minderwertige Jago, »il Demonio, che muove tutti«, dunkle Gewänder tragen, ein notwendiger äußerer Spiegel seiner schwarzen Seele. Und da Jago der schwarzen Haut entbehrte, musste er wenigstens physiognomisch mit einigen Stigmata der verachteten Rasse geschlagen sein, mit »kleinen Augen nahe der Nase wie bei den Affen, einer hohen, fliehenden Stirn und mit einem stark entwickelten Hinterkopf«. Auch seine listige Schlauheit rückt ihn psychisch in die Nähe des »Uncle Tom« aus Boitos Schachnovelle. Dass Verdi es dabei nicht belässt, sondern den Erzschurken überdies hager, groß und ausdrücklich »mit schmalen Lippen« dargestellt sehen wollte, zeigt, dass zur Charakterisierung des abgrundtief Bösen das einsinnig rassistische Vokabular bereits nicht mehr genügte. Jago, der verruchte »Künstler des Truges«, musste als physiognomischer Zwitter die negativen Attribute beider Rassen tragen, der schwarzen wie der weißen. Bereits bei Lavater war ein »verbissener, lippenloser Mund«, wie er sich am »Neger« der Rassenlehren niemals fand, ein sicheres Zeichen von Kälte und Eitelkeit. Otello und Jago, die Antagonisten der Oper, sind nicht mehr reine Vertreter ihrer Rassen, aus denen sich automatisch auf Gut und Böse schließen ließe. Neben das abschreckende Bild des »Negers«, wie ihn die rassistische

Bühnenmodell von Wieland Wagner, Oper Frankfurt / M. 1965

Literatur zeichnete, schob sich langsam ein freundlicheres Bild »schwarzer« Menschen, das dem biologischen Determinismus der Rasse widersprach. Vorbereitet durch das auf Rousseau zurückgehende Idealbild des »edlen Wilden«, entdeckte im 19. Jahrhundert eine aufklärerische und philanthropisch mitfühlende Literatur den »Schwarzen« auch als Menschen, ja als Vorbild, Helden und Freiheitskämpfer. Zum Klassiker dieses Genres avancierte Harriet Beecher-Stowes Buch *Onkel Toms Hütte*, das 1852 erschienen war. Boito schätzte es und ließ sich von ihm offensichtlich zu seiner Schachnovelle anregen.

In scharfem Kontrast zum realen »Mohren« Otello und dem moralisch »schwarzen« Jago bildet Desdemona den Inbegriff und das Idealbild der von einer Aura des Lichts umgebenen »weißen« und engelgleich reinen Frau. In den Augen Cassios erscheint selbst ihr Taschentuch »weißer, leichter als eine Schneeflocke«. Otello, der Finsterling, rühmt ihre »elfenbeinerne Hand [...], das reizende Elfenbein der kleinen Kralle«, wirft ihr aber in merkwürdiger Übernahme rassistischer Vorurteile auch vor, dass sich der Ehebruch, das »schwärzeste Verbrechen«, auf ihrer »weißen Lilienstirn« abzeichne und ihr helles »Trugbild« in eine »Höllenmaske« verwandle. Lodovico rühmt das »ätherisch reine Antlitz« Desdemonas, und Jago bestätigt mit seiner Behauptung, in Cassios Haus verlören »die Engel Heiligenschein und Schleier«, die gleichsam überirdische Wirkung dieser Lichtgestalt, deren Strahlkraft erst mit ihrem Tode erlischt. Als »der sanfte blonde Engel« darniederliegt, »verdunkelt sich die Welt, verfinstert sich das Geschick«.

Giovanni Battista Giraldi Cinzio

Aus: DER MOHR VON VENEDIG (1566)

In Venedig war dereinst ein Mohr, der um seiner großen Tapferkeit und Klugheit im Kriege willen, allda in hohen Ehren stand. Eine tugendreiche, wunderschöne Dame, Namens Disdemona, verliebte sich in ihn, nicht sowohl aus weiblicher Lüsternheit, als von dem inneren Werthe des Mohren gefesselt, und er dagegen entbrannte für ihre Reize und ihren hohen Sinn auch seinerseits, so daß sie sich, trotz des Widerwillens ihrer Eltern, mit einander vermählten, die so viel ihnen möglich war, thaten, ihre Tochter dahin zu bringen, sich einen anderen Gatten zu erwählen. Der Mohr und sein junges Weib lebten darauf, so lange sie in Venedig waren, so einträchtig und friedfertig zusammen, daß zwischen ihnen durchaus nur liebreiche Dinge und Worte vorfielen und gewechselt wurden.

Da geschah es, daß die Herren von Venedig die Truppen, so sie in Cypern hielten, wechselten, und zum Hauptmanne der neuen Besatzung, die sie dahin sandten, den Mohren ernannten. Der Mohr war allerdings durch die Ehre erfreut, die ihm also zu Theil ward, denn mit einer solchen Würde pflegte man nur Edelleute, und zwar nur anerkannt tüchtige und zuverlässige zu bekleiden; seine desfallsige Zufriedenheit ward aber hinwider dadurch beeinträchtigt, daß er sich die Länge und das Ungemach der ihm bevorstehenden Seereise vorstellte, und bedachte wie viel Disdemona davon zu leiden haben werde. Diese ihrerseits kannte kein anderes Gut in der Welt als ihn, und war so froh, des Mohren Verdienste und Würdigkeit von der mächtigen Republik anerkannt zu sehen, daß sie gar nicht die Zeit und Stunde erwarten konnte, da ihr Gatte mit ihr und den Seinigen die Reise anträte, und daß sie über seine augenscheinliche Verstimmung sehr betreten war. Außer Stande, sich die Ursache derselben zu erklären, sagte sie daher eines Mittags zu ihm: was soll das heißen, Mohr, daß nachdem dir von der Signoria ein so ehrenvoller Posten anvertraut worden, du solche Schwermuth bezeigst? – Der Mohr antwortete Disdemonen: Meine Liebe zu dir schmälert mir die Freude an der mir zu Theil gewordenen Ehre, denn ich sehe, daß nothwendigerweise Eines oder das Andere geschehen muß: entweder ich nehme dich mit mir auf das gefahrenvolle Meer, oder ich lasse, um dir kein Ungemach zu verursachen, dich in Venedig zurück. Das Erste würde mir sehr schwer ankommen, weil jedes Leiden und jede Gefahr, die du zu überstehen hättest, mich doppelt mit beträfe, das Andere, dich hier zu lassen, würde mich mir selbst unerträglich machen, weil ich, von dir scheidend, nicht auf dich allein, sondern zugleich auf mein Leben verzichtete. – So wie Disdemona ihn also reden hörte, sprach sie: Ei, lieber Mann! was sind das für Gedanken, die dir durch den Sinn gehen? Wie kannst du dich solcher Dinge halb beunruhigen? Ich folge dir allerwegs, wohin du gehst, und müßte es durch das Feuer sein, so wie es ja jetzt nur in einem guten, wohl ausgerüsteten Schiffe über das Wasser ist. Gefahren und Leiden, die du zu untergehen hast, werde ich freudig mit dir theilen, und ich würde wahrhaftig nicht eben meinen, von dir geliebt zu sein, wolltest du mich nicht mit dir über das Meer entführen und etwas dafür halten, ich möchte sicherer allein hier in Venedig, als deine Gefahren mit bestehend, aufgehoben sein. Darum schicke du dich mit all der Heiterkeit und Ruhe, die deinem Range angemessen ist, zur Reise an. – Hierauf schlang der hocherfreute Mohr die Arme um den Hals seiner Gattin und sagte, mit einem zärtlichen Kusse, zu ihr: der Himmel lasse dich immerdar so liebevoll gegen mich gesinnt sein, wie du es jetzt bist, mein theures Weib! – beendigte bald völlig seine Zurüstungen zur Reise, und bestieg mit seiner Gemahlin und seinen Leuten die Galeere, die ihre Segel aufzog und ihn mit günstigem Winde und Wetter nach Cypern überführte.

In dem Gefolge des Mohren befand sich ein Fähndrich von wohlgebildetem Äußern, wenn auch von der ruchlosesten Sinnesart, die ein Mensch haben konnte, der dem Mohren sehr theuer war, weil derselbe nichts von seiner Bosheit ahnete, die sich hinter hochtrabenden gleisnerischen Worten und eben jener körperlichen Schönheit zu verbergen wußte. Dieser nichtswürdige Fähndrich hatte auch seine schöne junge Frau mit sich nach Cypern gebracht, die als eine Italienerin von der Gemahlin des Mohren sehr geliebt wurde und die meiste Zeit des Tages bei ihr zubrachte. In der Compagnie des Mohren war desgleichen ein Rottenführer, den der Mohr werth hielt und häufig mit sich nach Hause nahm, wo er ihn in seiner und seiner Gattin Gesellschaft speisen ließ, welche letztere sich ihm um seinetwillen und zu seiner wahren Freude wohlgeneigt bezeigte.

Da geschah es, daß der böse Fähndrich, der seiner Gattin angelobten Treue, und der Freundschaft, Ehrfurcht und Verbindlichkeiten uneingedenk, die er dem Mohren, seinem Gebieter, schuldig war, eine leidenschaftliche Liebe zu Disdemonen faßte, und all sein Sinnen und Trachten darauf richtete, sich ihrer Reize zu erfreuen, wiewohl er nicht den Muth hatte, sich gegen sie zu erklären, weil er besorgte, der Mohr werde ihn auf der Stelle tödten, sobald er sich seiner Wünsche versehe. Er bestrebte also zwar so heimlich und vielfach er konnte, der Dame seine Liebe zu verstehen zu geben; ihr Gemüth war aber einzig dem Mohren zugewandt, und wußte weder etwas von dem Fähndrich noch von einem Anderen, und alle seine Versuche, sie in sich verliebt zu machen, blieben wirkungslos. Der Fähndrich bildete sich hierauf ein, die Schuld dessen sei, daß sie für den Rottenführer glühe, und nahm sich deswegen nicht nur vor, diesen aus ihrer Nähe zu entfernen, und lieber gar zu tödten, sondern wandelte auch all seine Liebe zu ihr in bittern Haß um, der ihm das Verlangen eingab, zu bewirken, daß wenigstens auch der Mohr seine Gattin nicht länger besitzen solle, wenn es ihm einmal versagt bleibe, sie sein zu nennen. In diesem Sinne verschiedene verbrecherische und ruchlose Anschläge bei sich erwägend, nahm er sich am Ende vor, Disdemonen bei ihrem Gatten des Ehebruchs anzuklagen, und dem Mohren einzureden, daß der Rottenführer der Ehebrecher sei. […]

Nur mit blutigen Gedanken umgehend, bat er [der Mohr] den Fähndrich, den Mord des Rottenmeisters auf sich selbst zu nehmen, und versprach ihm dafür auf ewige Zeiten verpflichtet zu bleiben. Der Fähndrich weigerte sich zwar, diese That zu begehen, weil sie, wie er sagte, von ihm eine Unredlichkeit sei, und ihn bei der bekannten Gewandtheit und Tapferkeit des Rottenmeisters in große Gefahr bringen würde. Aber der Mohr bat ihn so lange Zeit und gab ihm so viel Geld dafür, daß er ihn am Ende bewog, zu erklären, er wolle sein Glück versuchen.

Nachdem er diesen Entschluß gefaßt hatte, ging der Rottenmeister eines Abends aus dem Hause einer Buhlerin, die er zu besuchen pflegte. Die Nacht war stockfinster, und mit ihrer Hülfe schlich sich der Fähndrich, das bloße Schwert in der Hand, an ihn heran, und gab ihm einen Hieb in die Beine, um ihn zu Falle zu bringen. Der

Streich traf quer über den rechten Schenkel, der Unglückliche stürzte zu Boden, und der Fähndrich machte sich nunmehr über ihn her, um ihn vollends zu töten. Inzwischen gelang es dem an Blut und Wunden gewöhnten muthvollen Rottenmeister dennoch, auch sein Schwert zu ziehen und sich damit, verwundet wie er war, unter dem Geschrei: Ich bin ermordet! zur Wehr zu setzen. […]

Am nächsten Morgen wurde dies nächtliche Ereignis in der ganzen Stadt und auch Disdemonen bekannt, die, menschenfreundlich und wohlwollend, wie sie war, darob ein großes Leidwesen verrieth, weil sie sich nicht träumen ließ, daß ihr dasselbe zum Nachtheil gereichen könne. Der Mohr dagegen legte es ihr auf das übelste aus, ging stracks zu dem Fähndriche und sagte zu ihm: Weißt du wohl, daß mein dummes Weib sich dermaßen über den Rottenmeister betrübt, daß sie ganz närrisch werden will? – Wie könnte es denn auch anders sein, erwiederte der Fähndrich, da sie ein Herz und eine Seele zusammen sind! – Ein Herz und eine Seele! rief der Mohr wüthend aus: Nun, beim Himmel! dem ruchlosen Weibe will ich das ihrige aus dem Leibe reißen, daß er keinen Theil mehr daran haben soll. – Also sprachen sie noch weiter mit einander, ob sie Disdemonen vergiften oder erdolchen sollten; da sie sich aber über keine von diesen Todesarten vereinigen konnten, so meinte der Fähndrich zuletzt: eine einzige fällt mir noch ein, gegen die ihr nichts werdet einzuwenden haben, und die desgleichen unverdächtig ist. Es ist die folgende: Das Haus, das ihr bewohnt, ist sehr alt, und die Decke eures Zimmers hat viele Risse. Wir erschlagen Disdemonen mit einem mit Sand angefüllten Strumpfe, weil also keine Spuren äußerer Verletzung hinterbleiben; und sobald sie todt ist, machen wir, daß die Stubendecke einfällt und ihr den Kopf zerschmettert, auf welche Weise es den Anschein gewinnt, als habe ein herabstürzender Balken sie erschlagen, und kein Mensch auf den Verdacht eines Mordes kommen wird. – Dieser grausame Rathschlag gefiel dem Mohren wohl. Er wartete mit dessen Ausführung die gelegene Zeit ab. Und als er daher eines Nachts bei ihr im Bette lag, und zuvor den Fähndrich in ein an sein Schlafgemach stoßendes Kabinett heimlich gebracht hatte, begann dieser der mit ihm genommenen Abrede gemäß, in seinem Verstecke ein Geräusch zu machen. Der Mohr hörte augenblicklich darauf, und sagte zu seiner Gattin: Hast du das Geräusch gehört? – Ja, antwortete sie. – Nun so stehe auf, fuhr der Mohr fort: und sieh zu, was es ist. – Die unglückselige Disdemona stand aus dem Bette auf; kaum war sie aber in die Nähe der Kammer gekommen, so sprang der Fähndrich hervor und versetzte ihr mit dem gefüllten Strumpfe, den er in der Faust hielt, einen so gewaltigen Schlag mitten auf das Rückgrat, daß die Arme auf der Stelle zu Boden sank, und kaum noch im Stande war, zu athmen. Sie rief zwar mit der schwachen Stimme, die ihr geblieben, den Mohren um Hülfe an; er aber sprang nun auch aus dem Bette und sagte zu ihr: Das ist der Lohn deiner Ehrlosigkeit, du schändliches Weib! So mag es Allen deines Gleichen ergehen, die sich äußerlich anstellen, ihre Männer zu lieben, und sie hinter ihrem Rücken verrathen. Wie die Unglückliche dies hörte und ihr Ende nahen fühlte, denn der Fähndrich hatte ihr einen wiederholten Streich versetzt, so rief sie, zum Zeugen ihrer Unschuld, da ihr auf Erden kein Recht widerfahren solle, die himmlische Gerechtigkeit an, und flehte zu Gott, ihr beizustehen, indem der ruchlose Fähndrich sie mit dem dritten Streiche völlig tödtete. Als dies geschehen war, legten die Beiden ihren Leichnam wieder in das Bett, zerschlugen ihr das Haupt und rissen die Stubendecke ein. Sodann hub der Mohr an, laut so lange um Hülfe zu schreien und zu klagen, das Haus falle ein, bis die Nachbarn auf seinen Ruf herbeistürzten und bei Untersuchung des Bettes das arme Weib unter den Balken erschlagen fanden. Disdemona war um ihres tugendlichen Lebens willen bei Jedermann beliebt, und wurde jetzt, von Jedermann betrauert, des nächstfolgenden Tages zur Erde bestattet.

Der allgerechte Gott wollte jedoch nicht, daß eine so unerhörte Schandthat der ihr gebührenden Strafe ermangeln sollte, denn von dem Augenblicke an, da sich der Mohr seiner Gattin beraubt hatte, die er mehr als seine Augen liebte, überkam ihn eine solche Sehnsucht nach ihr, daß er wie außer sich selbst gerieth, und sie allerwärts in seiner Wohnung suchte. Ja, indem er bedachte, daß er durch die Schuld des Fähndrichs in seinem geliebten Weibe allen Reiz des Lebens, und sich selbst sogar verloren habe, wurde ihm der Bösewicht so in der Seele verhaßt, daß er ihn nicht mehr ansehen konnte, und ihn wohl gar auf offener Straße umgebracht haben würde, hätte er nicht vor der unbestechlichen Gerechtigkeit der Herren von Venedig Scheu getragen. Da er nun so etwas nicht wohl mit Sicherheit vollbringen konnte, so entzog er ihm die Fahne und stieß ihn aus seiner Kompagnie, woher eine Feindschaft zwischen Beiden entsprang, wie man sie sich nicht ärger denken könnte. Der ehrlose Fähndrich richtete alle seine Gedanken darauf, dem Mohren zu schaden, und da er dereinst den Rottenmeister antraf, der wieder hergestellt war, und anstatt seines abgehauenen Beines mit einem hölzernen einherging, sagte er zu ihm: Die Zeit ist genaht, da du den Verlust deines Beines rächen kannst, und wenn du mit mir nach Venedig kommen willst, so gedenke ich dir dort zu sagen und vor Gericht zu bezeugen, wozu ich hier aus mancherlei Rücksichten nicht den Muth habe: wer dein Widersacher ist. Der Rottenmeister, der, er wußte nicht warum, so schwer beleidigt worden war, dankte dem Fähndriche und begleitete ihn nach Venedig, wo ihm dieser nach ihrer Ankunft sagte, sein Bein sei ihm von dem Mohren abgehauen worden, weil dieser sich in den Kopf gesetzt, er habe im geheimen Einverständnisse mit Disdemonen gestanden, die er aus demselben Grunde wirklich getötet habe, wiewohl er vorgegeben, daß sie von der einstürzenden Stubendecke erschlagen worden sei.

Sobald der Rottenmeister diese Nachricht empfangen hatte, verklagte er den Mohren bei der Signoria wegen seines abgehauenen Beines und wegen der Ermordung seiner Frau, und stellte als seinen Zeugen den Fähndrich vor Gericht, der aussagte, das Eine wie das Andere sei wahr, denn der Mohr habe ihn zuerst selbst überreden wollen, beide Verbrechen für ihn zu begehen, und, nachdem er aus thierischer Eifersucht sein Weib gemordet, ihm anvertraut, auf welche Weise er diese höllische That zu Stande gebracht.

Die Herren von Venedig vernahmen also, welche Grausamkeiten von dem Barbaren an einer ihrer Bürgerinnen begangen worden sei, und ließen darauf den Mohren in Zypern verhaften und gefangen nach Venedig bringen, wo sie ihn durch vielerlei Martern zu zwingen suchten, die Wahrheit einzugestehen. Die Stärke seiner Seele überwand indessen alle Qualen, die man ihm bereitete, mit solcher Standhaftigkeit, daß man nicht das Mindeste auf ihn bringen konnte. Wenn ihn nun aber auch seine Ausdauer vom Tode errettete, so entging er doch, nachdem er lange Zeit im Kerker gesessen, nicht einer immerwährenden Verbannung, in der er am Ende von den Verwandten seiner Frau, wie er es verdiente, getödtet wurde.

Der Fähndrich begab sich in sein Vaterland, und da er nicht von seiner Art lassen konnte, so klagte er daselbst einen seiner Gefährten an, ihn zur Ermordung eines seiner Feinde, der ein Edelmann war, aufgefordert zu haben. Der Gefährte wurde wegen dieser Sache gefänglich eingezogen und auf die Folter gespannt; da er aber die ganze Anklage muthig abläugnete, auch der Fähndrich, um seine Wahrhaftigkeit zu erproben, gemartert, und ihm zwar dergestalt zugesetzt, daß ihm die Eingeweide zerrissen. Zuletzt zwar wieder in Freiheit nach Hause entlassen, gab er doch allda schon nach wenigen Tagen elendiglicher Weise seinen Geist auf.

Wie auf diese Weise der Himmel die Unschuld Disdemonens rächte, wurde durch die Alles mitwissende Gattin des Fähndrichs offenbar, die nach seinem Tode die Wahrheit aussagte.

ZEITTAFEL ZU »OTELLO«

1564

William Shakespeare wird, vermutlich am 23. April, in Stratford-on-Avon geboren.

1566

Der italienische Renaissance-Dichter Giambattista Giraldi Cinzio (1504-73) veröffentlicht seine Novellensammlung *Hecatommiti*. Sie enthält u. a. *Il moro di Venezia*, die erste bekannte literarische Fassung des Othello-Stoffs (s. auch S. 82). Die männlichen Protagonisten tragen darin keine Namen, sondern werden »der Mohr« und »der Fähnrich« genannt, die weibliche Heldin heißt Disdemona. In Cinzios Novelle begehen der Mohr und der Fähnrich gemeinsam den Mord an Disdemona und vertuschen ihn anschließend. Erst viel später kommt die Wahrheit ans Tageslicht, und der Mohr wird schließlich von Verwandten Disdemonas getötet, der Fähnrich stirbt nach einem peinlichen Verhör wegen eines anderen Verbrechens an den Folgen der Folter.

1571

In der Seeschlacht von Lepanto besiegt die Flotte der Heiligen Liga (ein Zusammenschluss von Venedig, Spanien und dem Papst) die Türken, womit die Vorherrschaft des Osmanischen Reiches im östlichen Mittelmeer eine empfindliche Schwächung erleidet.

1604

Am 1. November findet die erste bezeugte Aufführung von Shakespeares Tragödie *Othello, the Moor of Venice (Othello, der Mohr von Venedig)* in Whitehall statt. Vermutlich entstand das Werk aber bereits 1603. Shakespeare benutzte offensichtlich Cinzios Novelle als unmittelbare Vorlage, auch wenn die erste bekannte englische Übersetzung erst 1753 erschien. Eventuell stützte der Dramatiker sich auf eine französische Fassung von 1584 oder sogar auf das italienische Original. Ob die Namen Othello (vielleicht eine Ableitung von Otto/Otho, etymologisch nicht geklärt) und Iago (eine romanische Form von Jakob/James) aus einer weiteren unbekannten Quelle stammen oder von Shakespeare erfunden wurden, ist nicht bekannt.

1616
Am 23. April stirbt William Shakespeare in Stratford. Am 26. wird er in der Holy Trinity Church begraben. Ein der Überlieferung nach von ihm selbst verfasster Grabspruch, der jeden verflucht, der das Grab öffnet, hat den Leichnam bis heute vor einer Exhumierung bewahrt.

William Shakespeare (1564-1616)

1661
Englische Komödianten spielen *Othello* erstmals in Deutschland, vermutlich in einer Bearbeitung mit glücklichem Ausgang.

1756
Domenico Valentini übersetzt *Julius Caesar*, wahrscheinlich die erste Übersetzung eines Shakespearestücks ins Italienische.

1769
Bis 1777 entstehen Alessandro Verris italienische Übersetzungen von *Hamlet* und *Othello*, die unveröffentlicht bleiben.

1792
Jean François Ducis' Tragödie »Othello ou le More de Venise« wird uraufgeführt. Diese Adaption wird zu Beginn des 19. Jahrhunderts auch in Italien oft gespielt.

1798-1800
Giustina Renier Michiel übersetzt Shakespeares Tragödien *Othello*, *Macbeth* und *Coriolan* ins Italienische *(Opere drammatiche di Shakespeare volgarizzate da una Dama veneta)*, wobei sie sich auf die französischen Fassungen von Pierre Le Tourneur stützt.

1813
Giuseppe Verdi wird am 10. Oktober in Le Roncole bei Busseto geboren.
Die »azione poetica« *Otello* von Giovanni Carlo Baron Cosenza wird uraufgeführt.

1814
Versübersetzung verschiedener Shakespearestücke ins Italienische durch Michele Leoni (1766-1858), darunter auch *Otello*.

1816
Gioacchino Rossinis dreiaktiges »dramma per musica« *Otello ossia il moro di Venezia (Otello oder der Mohr von Venedig)*, auf ein Libretto von Marchese Francesco Berio di Salsa, wird am 4. Dezember in Neapel uraufge-

führt. Als Vorlage dienen neben Shakespeares Tragödie die *Othello*-Fassungen von Ducis und Cosenza. Bis sie von Verdis *Otello* von den Bühnen verdrängt wurde, war Rossinis Oper über Jahrzehnte sehr erfolgreich und wurde schon bald in ganz Mitteleuropa nachgespielt. Dabei kam es immer wieder zu Umarbeitungen, Rossini selbst schuf für eine Aufführung in Rom 1820 ein »lieto fine«, ein glückliches Ende. Viele berühmte Sänger ihrer Zeit nahmen die Hauptpartien in ihr Repertoire auf, so Giuditta Pasta, María Malibran und Giulia Grisi. Besonders der dritte Akt, der Desdemonas Trauer und Verzweiflung und Otellos Mord und Selbstmord mit einem von Sturm und Unwetter bestimmten szenisch-musikalischen Kolorit verbindet, zählt zu den kompositorischen Höhepunkten in Rossinis Schaffen.

1818
An der Mailänder Scala wird der »ballo tragico« *Otello ossia Il moro di Venezia*, ein dreiaktiges Ballett von Salvatore Viganò (1769-1821) uraufgeführt, das u.a. Musik von Rossini verwendet. Es hatte außerordentlichen Erfolg und fand die Bewunderung Giacomo Meyerbeers. Stendhal stellte dieses »coreodramma« noch über Rossinis Oper. Eine der wichtigsten italienischen Shakespeare-Übersetzungen des 19. Jahrhunderts erscheint: *Teatro completo di Shakespeare* von Carlo Rusconi. Diese Ausgabe wurde auch von Verdi und Boito benutzt.

1842
Am 24. Februar wird Arrigo Boito in Padua geboren. In Mailand führt der Schauspieler Gustavo Modena eine gekürzte Version von *Othello* auf, die vom Publikum ausgebuht wird.

1843
Verdi erwägt, für Venedig eine Oper *Re Lear*, nach Shakespeares *King Lear*, zu schreiben.

1847
Macbeth wird als erste Oper Verdis nach einem Shakespearedrama am 14. März in Florenz uraufgeführt. Das Libretto stammt von Francesco Maria Piave.

1849
Verdi spielt eine immer wichtigere Rolle als moralische und intellektuelle Autorität im Kampf Italiens um nationale Einheit und Freiheit. Am 27. Januar dirigiert er in Rom die Uraufführung seiner Oper *La battaglia di Legnano*, die den Kampf der italienischen Liga gegen Kaiser Barbarossa kaum verhüllt als Spiegelbild der aktuellen politischen Situation beschreibt.

1862
Verdi komponiert für die Londoner Weltausstellung die Kantate *Inno delle nazioni*. Der Text stammt von Arrigo Boito. Dieser besucht seit 1853 das Mailänder Konservatorium und hat bereits erste eigene Kompositionen vorgelegt. Während einer Reise nach Polen beginnt er mit der Komposition seiner Oper *Mefistofele*. Er ist einer der Anführer der Künstlergruppe der »Scapigliati«, der »Entfesselten«, die einer extremen Auffassung der Romantik in der Kunst huldigen. Victor Hugo, Charles Baudelaire, die Musik Liszts und Wagners werden von ihnen bewundert. Boito wird in den folgenden Jahren zu einem der wichtigsten Vorkämpfer Wagners in Italien. Er übersetzt u.a. *Rienzi*, *Tristan* und Webers *Freischütz* ins Italienische. Durch ein Gedicht Boitos, das den »verunreinigten Altar«

Anlässlich der Londoner Weltausstellung 1862 komponierte Verdi eine Hymne der Nationen *auf einen Text von Boito.*

der italienischen Kunst mit den »bespieenen Mauern eines Bordells« vergleicht, fühlt sich Verdi persönlich angegriffen, wodurch sein Verhältnis zu Boito auf Jahre sehr kühl und distanziert ist. Allerdings lässt der Komponist in Briefen an den Verleger Tito Ricordi Boitos Forderung, die italienische Musik zu neuen Entwicklungen hin zu öffnen, durchaus Gerechtigkeit widerfahren. Er beschäftigt sich mit wagnerschen Partituren und kommt zu sehr differenzierten Urteilen. Allerdings beharrt er immer auf dem Primat der Musik über alle Theorien und Ideen.

1866
Boito nimmt als Freiwilliger an Garibaldis Feldzug zur Befreiung Veneziens teil.

1868
Boitos Oper *Mefistofele* fällt bei der vom Komponisten selbst dirigierten Uraufführung in Mailand am 5. März erbarmungslos durch. Erst die Wiederaufführung in Bologna 1875 wird ein Erfolg.

1871
Am 29. Januar schreibt Giulio Ricordi an Verdi, Arrigo Boito würde sich glücklich schätzen, wenn Verdi sein Libretto zu *Nerone* (eine Oper, an der er selbst seit Jahren komponiert!) vertonen würde. Am 19. November besucht Boito in Bologna eine Vorstellung von *Lohengrin*. (Mit der Erstaufführung war am 1. November erstmals eine Oper Wagners in Italien erklungen.) Um drei Uhr nachts trifft er Verdi am Bahnhof, wo sie sich über die Vor- und Nachteile von Schlafwagen unterhalten. Der Komponist war mit der Partitur in der Hand inkognito ebenfalls in der Vorstellung, die er fluchtartig verließ, als man ihn erkannte.

1874
Boito setzt in Mailand die Uraufführung von Verdis *Requiem* durch, die am 22. Mai stattfindet.

1879
In einem Brief an Giulio Ricordi vom 4. September spricht Verdi erstmals vom »Schokoladenplan«, wie er den *Otello* nennt. Doch lässt er sich nur sehr zögerlich auf das von Ricordi betriebene Projekt ein, legt auf größte Geheimhaltung wert und steht auch Boito als Textautor skeptisch gegenüber. Am 18. November bestätigt Verdi den Erhalt der »Schokolade«, des Libretto-Entwurfs. Am 20. November erwirbt er die Rechte daran.

1880
Im August setzt der intensive Briefwechsel zwischen Verdi und Boito ein, der die Entstehung der Oper *Otello* (zunächst mit dem Titel *Jago* geplant) und die Zusammenarbeit der beiden Künstler auf faszinierende Weise dokumentiert. Im Dezember unterbricht Boito die Arbeit am Libretto, um Verdi zunächst bei der Umarbeitung des *Simon Boccanegra* zu helfen.

1881
Am 4. März wird die vieraktige Neufassung des *Simon Boccanegra* an der Mailänder Scala erstaufgeführt. Francesco Tamagno, der spätere Otello, singt den Adorno, Victor Maurel, der spätere Jago, die Titelrolle. Von Mai bis September arbeiten Verdi und Boito wieder am *Otello*. Im Oktober unterbricht Verdi die Beschäftigung damit erneut, um den ursprünglich für Paris entstandenen *Don Carlos* in eine gekürzte italienische Version in drei Akten umzuarbeiten.

Verdi schenkte dieses Pastell mit einer Widmung und der Notenzeile von »Esultate ...«, Otellos Auftritt im 1. Akt, dem Tenor Francesco Tamagno (Venedig 1894)

1882
Wie schon im Vorjahr schickt Giulio Ricordi zu Weihnachten an Verdi einen mit einer Schokoladenfigur verzierten Kuchen, um ihn freundlich an den *Otello* zu mahnen. Im August macht sich der französische Dichter und Kritiker Baron Blaze de Bury anheischig, die im Entstehen begriffene Oper ins Französische zu übersetzen. Verdi verhält sich sehr reserviert und vermeidet jede Festlegung auf ein tatsächliches Zustandekommen des Opernprojekts.

1883
Als Verdi von Wagners Tod am 13. Februar in Venedig erfährt, schreibt er an Ricordi: »Traurig! Traurig! Traurig! Wagner ist tot! Als ich gestern die Depesche las, war ich zutiefst betroffen! Hier gibt es nichts zu diskutieren. Eine große Persönlichkeit ist nicht mehr! Ein Name, der in der Geschichte der Kunst mächtige Spuren hinterlässt!!!!!!!!!«

1884
Am 10. Januar wird die neue Version des *Don Carlos* an der Scala erstaufgeführt. Verdi und Boito beschäftigen sich wieder mit dem Libretto des *Otello*. Im März hat Verdi Teile des ersten Aktes fertig komponiert. Es kommt zu einem großen Pressewirbel, als kolportiert wird, Boito habe auf einem Bankett in Neapel geäußert, den *Jago* (*Otello*) am liebsten selbst zu komponieren. Verdi ist darüber verstimmt und unterbricht die Arbeit erneut. Boito entschuldigt sich und schickt Verdi am 26. April als Versöhnungsgeste den neu entstandenen Text zum *Credo* des Jago. Erst am 9. Dezember nimmt Verdi die Komposition wieder auf.

1885
Von Januar bis September entsteht in Genua und auf Verdis Landgut Sant'Agata der größte Teil der *Otello*-Partitur.

1886
Im März/April hält sich Verdi in Paris auf, um den Bariton Victor Maurel zu hören, der für den Jago im Gespräch ist. Am 1. November vollendet Verdi die Komposition des *Otello,* am 16. Dezember übergibt er Giulio Ricordi die Partitur.

1887
Anfang Januar fährt Verdi nach Mailand, um die Proben zu überwachen.

Am 5. Februar wird *Otello* an der Mailänder Scala in Anwesenheit Verdis uraufgeführt. Dirigent ist Franco Faccio. Es singen Francesco Tamagno (Otello), Victor Maurel (Jago), Romilda Pantaleoni (Desdemona), Giovanni Paroli (Cassio), Vincenzo Fornari (Rodrigo), Francesco Navarrini (Lodovico) und Ginevra Petrovich (Emilia).

Die Aufführung ist ein großer Erfolg und wird zum Medienspektakel. Verdi ist für Italien längst zum lebenden musikalischen und politischen (!) Denkmal geworden. Das neue Werk beweist jedoch einmal mehr die musikdramatische Vitalität des Komponisten. Im Scala-Orchester spielt an diesem Abend ein neunzehnjähriger Cellist namens Arturo Toscanini. Bis April 1888 wird das Werk in Mailand vierundzwanzigmal gegeben.

Giulio Ricordi verfasst ein über hundertseitiges Regiebuch der Uraufführung mit insgesamt 270 Skizzen. Unter dem Titel *Szenische Anweisung für die Oper Otello* wird diese Dokumentation mit dem Aufführungsmaterial vom

Verlag an alle Theater geschickt, die den *Otello* aufführen wollen – in der Hoffnung, damit eine verbindliche szenische Form des Werkes festzuschreiben. Boito verfasst dafür ein kommentiertes Personenverzeichnis (vgl. S. 57 in diesem Buch). Im April erfolgt die Erstaufführung in Rom, im Sommer in Venedig, Brescia und Parma. Im Laufe des Jahres wird *Otello* in Mexico City, St. Petersburg und Budapest (auf Ungarisch) gespielt.

1888
Am 31. Januar erfolgt die deutsche Erstaufführung (in der Übersetzung von Max Kalbeck) in Hamburg. Es folgen München, Köln und Wien. Auf Holländisch wird das Werk in Amsterdam gespielt, in der Originalsprache in New York, Buenos Aires und Konstantinopel.

1889
In Havanna, Lissabon und London (im Lyzeum-Theater) wird *Otello* in italienischer Sprache aufgeführt.

1890
Am 1. Februar erfolgt im Königlichen Opernhaus Unter den Linden die Berliner Erstaufführung des *Otello*. Die musikalische Leitung hat Josef Sucher, in der Übersetzung von Kalbeck singen Eloi Sylva (Otello), Paul Bulß (Jago) und Elisabeth Leisinger (Desdemona).

Verdi vor der Scala, 90er Jahre

1893
Am 9. Februar wird an der Mailänder Scala Verdis letzte Oper *Falstaff* uraufgeführt, die wiederum in intensiver Zusammenarbeit mit Arrigo Boito entstanden ist.

1894
Arturo Toscanini dirigiert bei einer Aufführung in Pisa erstmals den *Otello*.

Für die Pariser Erstaufführung am 12. Oktober in französischer Sprache nimmt Verdi Veränderungen am dritten Finale vor und komponiert widerwillig die an der Pariser Oper obligatorische Ballettmusik – in der Partitur vermerkt er mit leiser Ironie die Zeitangabe 3 Minuten 59 Sekunden (diese Ballettmusik, am 20. August vollendet, ist Verdis letzte Komposition für die Bühne). Die Bühnenbilder dieser Aufführung werden an der Pariser Oper bis 1966 benutzt.

1899
Unter Leitung Toscaninis singt Francesco Tamagno an der Scala wieder die Titelrolle des *Otello*.

1901
Giuseppe Verdi erleidet am 21. Januar in einem Mailänder Hotelzimmer einen Schlaganfall. Er stirbt am 27. Januar, ohne das Bewusstsein wiedererlangt zu haben. Die Beerdigung erfolgt auf seinen Wunsch in aller Stille. Als der Sarg einen Monat später gemeinsam mit dem Giuseppina Strepponis in die Kapelle des von Verdi gestifteten Künstlerheims überführt wird, folgen ihm 300 000 Menschen.

1916
Leo Blech leitet eine Neuproduktion des *Otello* an der Lindenoper.

1918
Arrigo Boito stirbt am 10. Juni in Mailand.

1926
Georg Szell dirigiert eine Berliner Neuinszenierung des *Otello* mit Fritz Soot in der Titelrolle und Heinrich Schlusnus als Jago.

1931
Mit dem Ensemble der Mailänder Scala entsteht die erste Schallplattengesamtaufnahme des *Otello*. Die musikalische Leitung hat Carlo Sabajno.

1937
Unter der Leitung von Victor de Sabata singen an der Lindenoper Franz Völker den Otello, Jaro Prohaska den Jago und Tiana Lemnitz die Desdemona.

1947
Mit Ramon Vinay in der Titelpartie, Giuseppe Valdengo als Jago, Herva Nelli als Desdemona und dem NBC Symphony Orchestra entsteht am 6. und 13. Dezember unter Leitung Toscaninis eine legendäre Rundfunkaufnahme des *Otello*.

Erich Witte (Otello) und Tiana Lemnitz (Desdemona), Deutsche Staatsoper Berlin (Admiralspalast) 1954. Links: Ramon Vinay und Gré Brouwenstijn (Covent Garden London, ca. 1953)

1948
Fritz Busch dirigiert am 18. Dezember eine *Otello*-Aufführung an der Metropolitan Opera in New York, die für die Schallplatte mitgeschnitten wird. Es singen neben Ramon Vinay, dem in den vierziger und fünfziger Jahren führenden Gestalter der Titelrolle, Leonard Warren den Jago und Licia Albanesi die Desdemona.

1952
Im Admiralspalast als Ausweichquartier der zerstörten Staatsoper hat der erste Berliner Nachkriegs-*Otello* Premiere. Alfred Hülgert, dann Erich Witte singen die Titelrolle.

Anna Tomowa-Sintow (Desdemona) und Martin Ritzmann (Otello), Deutsche Staatsoper Berlin 1972 (Regie: Harry Kupfer)

1959
Walter Felsenstein inszeniert an der Komischen Oper *Otello* in eigener deutscher Übersetzung. Hans Nocker singt die Titelrolle, Ernst Gutstein den Jago und Anny Schlemm die Desdemona.

1965
In Frankfurt am Main hat Wieland Wagners Inszenierung mit Wolfgang Windgassen (Otello), Thomas Stewart (Jago) und Anja Silja (Desdemona) Premiere.

1986
Peter Stein inszeniert *Otello* an der Welsh National Opera in Cardiff.

... No, no, non vi è musica italiana, né tedesca, né turca ... ma vi è una MUSICA ... Io scrivo come mi pare, e come mi sento ... detesto tutte le scuole, ché tutte menano al convenzionalismo, non idolatro nissun individuo, ma amo una bella musica, quando sia veramente bella e sia di chi si vuole.

GIUSEPPE VERDI, 1872

... Nein, nein, es gibt keine italienische oder deutsche oder türkische Musik ... aber es gibt eine MUSIK ... Ich schreibe, wie es mir richtig erscheint und wie ich mich fühle ... ich hasse alle Schulen, weil sie alle nur konventionell sind, ich vergöttere niemanden, aber ich liebe schöne Musik, wenn sie wirklich schön ist, sei sie von wem sie wolle.

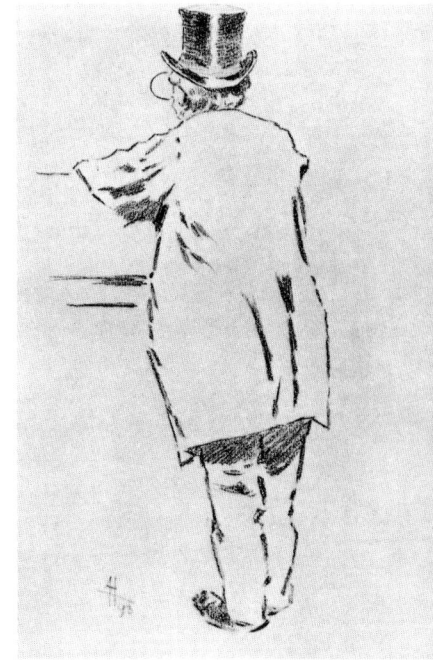

Verdi blickt von der Hinterbühne der Scala ins Publikum, Zeichnung von Adolfo Hohenstein

HANDLUNG

ERSTER AKT

Ein Sturm tobt. Vom Ufer aus verfolgen die Menschen die Ankunft eines Schiffes, das sich durch Gewitter und Wellen kämpft. Es ist das Schiff Otellos, des Befehlshabers der venezianischen Flotte und Gouverneurs auf Zypern. Siegreich kehrt er aus der Schlacht gegen die Türken zurück. Das Volk feiert den Sieg und dankt Gott für die Rettung der Flotte aus dem Unwetter. Nur Jago und Roderigo freuen sich nicht über Otellos Triumph. Roderigo liebt Desdemona, Otellos Frau, und Jago fühlt sich gegenüber dem Hauptmann Cassio im Rang zurückgesetzt. Jago stachelt Roderigos Eifersucht an und macht Desdemonas Liebe zu dem dunkelhäutigen Otello verächtlich.

Freudenfeuer werden entzündet. Jago zettelt einen Streit zwischen Cassio und Roderigo an, indem er Roderigos Eifersucht schürt. Ein Tumult entsteht, Montano greift ein und wird von Cassio verletzt. Otello erscheint, gebietet Frieden und degradiert Cassio.

Otello und Desdemona bleiben allein zurück. Sie erinnern sich an den Beginn ihrer Liebe. Venus erstrahlt am Himmel.

ZWEITER AKT

Jago, der Otello und Cassio vernichten will, rät dem degradierten Hauptmann, sich an Desdemona um Fürsprache bei Otello zu wenden. Allein zurückgeblieben, enthüllt Jago in einem blasphemischen *Credo* seine Überzeugung, dass die menschliche Existenz das grausame Spiel eines höhnischen Gottes sei und an ihrem Ende das Nichts stünde. Nur im Vollzug des Bösen könne der Mensch sich selbst bestätigt finden.

Desdemona erscheint, und Cassio spricht sie an. Jago, der mit Otello die Szene beobachtet, weckt in Otello ersten Argwohn und Eifersucht gegen Cassio und Desdemona. Das Volk huldigt Desdemona.

Otello, von Misstrauen erfasst, reagiert gereizt auf Desdemonas Bitten für Cassio. Er wirft Desdemonas Taschentuch zu Boden. Jago zwingt seine Frau Emilia, die Desdemonas Vertraute ist, ihm das Taschentuch zu überlassen.

Otello glaubt, in Desdemonas Verhalten Bestätigung für ihre Liebe zu Cassio erkannt zu haben, und gerät in Wut und Verzweiflung. Er verlangt Beweise von Jago. Dieser benutzt das Taschentuch zu einer Intrige: Er erzählt Otello, Desdemonas Tuch, ein Geschenk Otellos aus der Zeit ihrer ersten Liebe, in der Hand Cassios gesehen zu haben. Otello bricht in einen Racheschwur aus, in den Jago einstimmt.

DRITTER AKT
Eine Galeere mit den Gesandten Venedigs nähert sich Zypern.

Wieder verwendet sich Desdemona für Cassio, was Otellos Wut und Eifersucht weiter aufstachelt. Er fragt nach dem Taschentuch. Als Desdemona es nicht vorweisen kann, beschimpft er sie als Hure. Verzweifelt bleibt Otello allein zurück. Er fühlt, dass das Ende seiner Liebe zu Desdemona seine Existenz vernichten würde.

Jago arrangiert ein Treffen mit Cassio, dem er das Taschentuch untergeschoben hat. Otello erkennt aus einem Versteck das vermeintliche Indiz für Desdemonas Untreue.

Lodovico, der Gesandte Venedigs, trifft ein. Er überbringt Weisungen des Dogen, der Otello nach Venedig zurückberuft und Cassio zu seinem Nachfolger als Gouverneur von Zypern bestimmt. Während des offiziellen Empfangs der Gesandten demütigt Otello Desdemona vor aller Augen, was Bestürzung und Abscheu hervorruft.

Jago weiß auch die neue Situation für seine Intrige zu nutzen. Er stiftet Roderigo zum Mord an Cassio an und fordert Otello auf, seine Rache an Desdemona schnell zu vollenden.

Der offizielle Empfang ist zu Ende, und das Volk huldigt Otello, der, allein zurückgeblieben, zusammenbricht. Jago triumphiert.

VIERTER AKT

Desdemona bereitet sich in düsterer Vorahnung auf die Nacht vor. Von Emilia lässt sie sich ihr Brautkleid bringen. Sie singt das Lied von der Weide, das sie einst von einer unglücklich verliebten Magd hörte.

Desdemona betet das *Ave Maria*. Otello tritt unbemerkt ein und wirft ihr Ehebruch mit Cassio vor. Desdemona beteuert ihre Unschuld, doch er glaubt ihr nicht und ermordet sie.

Emilia kommt mit der Nachricht hinzu, Cassio habe Roderigo im Zweikampf getötet. Als sie die sterbende Desdemona erblickt, ruft sie Hilfe herbei. Sie enthüllt Jagos Intrige, Otello erkennt seinen Irrtum. Jago versucht zu flüchten. Otello tötet sich selbst. Im Sterben erinnert er sich an Desdemonas Kuss.

OTELLO

*Dramma lirico in vier Akten
von Arrigo Boito
Musik von Giuseppe Verdi
Wörtliche deutsche Übersetzung
von Karl Dietrich Gräwe*

PERSONEN

OTELLO, *ein Mohr, Befehlshaber der venezianischen Flotte* · Tenor
JAGO, *Fähnrich* · Bariton
CASSIO, *Hauptmann* · Tenor
RODRIGO, *venezianischer Edelmann* · Tenor
LODOVICO, *Gesandter der Republik Venedig* · Baß
MONTANO, *Otellos Vorgänger als Gouverneur von Zypern* · Baß
EIN HEROLD · Baß
DESDEMONA, *Otellos Gemahlin* · Sopran
EMILIA, *Jagos Gemahlin* · Mezzosopran
Soldaten und Matrosen der Republik Venedig; venezianische Edeldamen und Edelleute; Einwohner von Zypern; griechische, dalmatinische und albanische Soldaten; Kinder von der Insel; ein Schankwirt; vier Bedienstete in der Schänke; Volk.
Ort und Zeit der Handlung: Eine Hafenstadt auf Zypern, Ende des 15. Jahrhunderts.

ERSTER AKT

Vor dem Kastell.
Eine Schänke mit Lauben. Hafenanlagen im Hintergrund
und Meer. Es ist Abend. Blitze, Donner, Orkan.

ERSTE SZENE

Jago, Rodrigo, Cassio, Montano, später Otello. Zyprioten und venezianische Soldaten.
ZYPRIOTEN *(Tenöre)*
  Ein Segel!
ZYPRIOTEN *(Bässe)*
  Ein Segel!
  (Blitze)
TENÖRE Eine Flagge!
BÄSSE Eine Flagge!
  Es ist der geflügelte Löwe!
  (Blitzschlag, Blitze und Donner)
CASSIO Jetzt enthüllt ihn der Blitz.
  (Trompeten auf der Bühne.)
TENÖRE Ein Signal!
BÄSSE Ein Signal!
  (Kanonenschuß)
ALLE Die Kanone erdröhnte!
CASSIO Es ist das Schiff des Befehlshabers!
MONTANO Jetzt geht es unter,
  Jetzt steigt es auf zum Himmel …
CASSIO Es reckt den Bug aus der Welle.
  (Blitze)
TENÖRE UND BÄSSE Es verschwindet in den Wolken und
                                          im Meer
  (Blitze)
  Und im Licht der Blitze erscheint es wieder.
  (Fortwährende Donner und Blitze)
  Blitze! Donner! Strudel! Fürchterliche Wirbel und Blitze!

(Blitzschlag)
TENÖRE Es beben die Wellen,
BÄSSE Es beben die Lüfte,
TENÖRE Es beben Grundfesten und Gipfel.
(Aus dem Hintergrund viele Frauen aus dem Volk.)
BÄSSE Den Äther peitscht ein schwarzer und blinder Geist
                                                                         des Taumels.
SOPRANE, ALT, TENÖRE *(Aufschrei)*
  Ah!
BÄSSE Gott zerreißt den finsteren Himmel wie einen düsteren
                                                                            Schleier.
SOPRANE, ALT, TENÖRE *(Aufschrei)* Ah!
TENÖRE UND BÄSSE Alles ist Rauch, alles ist Feuer!
                                  Der furchtbare Nebel
Entflammt sich selbst, verlöscht dann um so unheilvoller.
                                                                             Es ächzt
Das Universum, mit Brausen kommt der gespenstische
                                                        Nordwind über uns.
Die Riesendrommeten erschallen am Himmel.
ALLE *(mit Gebärden des Schreckens und Flehens zum Hafen gewandt)*
  Gott, du Blitz dieses Unwetters!
  Gott, du Beschützer dieser Insel!
  Rette das Schiff und die Flagge,
  Die das Glück Venetiens sind!
  Du, der du die Gestirne und das Schicksal lenkst!
  Du, der du über Welt und Himmel gebietest!
  Mach, daß auf dem Grund des besänftigten Meeres
  Der treue Anker ruht!
(Blitz)
JAGO Der Mast ist gebrochen!
(Blitz)
RODRIGO Der Bug stürzt
  Dort auf den Felsen!
SOPRANE UND TENÖRE Hilfe! Hilfe!

JAGO *(zu Rodrigo)*
  Der entfesselte Schoß
  Des Meeres soll sein Grab sein!
ALLE Es ist gerettet! Gerettet!
STIMMEN HINTER DER SZENE Die Boote zu Wasser!
  (Ferner Donner)
  Greift in die Taue! Haltet fest!
  (Blitz)
TENÖRE *(auf der Bühne)*
  Legt euch in die Ruder!
BÄSSE *(auf der Bühne)*
  Haltet auf den Strand zu!
  (Steigen die Ufertreppe hinab)
STIMMEN HINTER DER SZENE Wir legen an! Wir landen!
TENÖRE *(auf der Bühne)* Vivat!
STIMMEN HINTER DER SZENE Vivat!
ALLE Vivat!
OTELLO *(steigt von der Ufertreppe auf den Hafendamm, gefolgt von Seeleuten und Soldaten)*
  Jubelt! Der Muselmanenhochmut
  Liegt im Meer begraben, uns und dem Himmel gehört
                                        der Ruhm!
  Nach den Waffen besiegte ihn der Orkan!
ALLE Vivat Otello! Sieg! Sieg!
(Otello geht ins Kastell, gefolgt von Cassio, Montano und den Soldaten.)
TENÖRE UND BÄSSE Sieg! Sieg!
  Vernichtung! Vernichtung!
  Versprengt, zerstört,
  Fielen sie, begraben
  Im furchtbaren Aufruhr.
SOPRANE UND ALT Sieg! Sieg!
TENÖRE UND BÄSSE Als Requiem werden sie
  Die Geißel der Fluten,
  Den Reigen der Strudel,
  Den Abgrund des Meeres haben.

ALLE Sieg! Sieg!
  Versprengt, zerstört.
TENÖRE UND BÄSSE Versprengt, zerstört,
  Fielen sie, begraben
  Im furchtbaren Aufruhr.
  (Blitze und Donner)
ALLE Sieg! Sieg!
  (Fortwährende Blitze)
  Vivat! Sieg! Vivat!
  (Entfernter Donner)
  Das Unwetter beruhigt sich.
  (Im Hintergrund ein Hin und Her von Leuten, die über die Ufertreppe Waffen und Gepäck ins Kastell schleppen, während Zyprioten hinter der Burg mit Reisig hervorkommen, um es auf dem Hafendamm zu entzünden. Einige Soldaten mit Fackeln beleuchten den belebten Weg.)
JAGO *(abseits zu Rodrigo)*
  Rodrigo!
  Nun, was denkst du?
RODRIGO Ans Ertrinken –
JAGO Ein Dummkopf ist,
  Wer sich aus Liebe zu einer Frau ertränkt.
RODRIGO Ich kann nicht anders.
  (Einige aus dem Volk errichten einen Scheiterhaufen; die Menge drängt unruhig und neugierig herbei.)
JAGO Kopf hoch, sei vernünftig, laß
  Die Zeit für dich arbeiten. Die schöne Desdemona,
  Die du heimlich in deinen Träumen anbetest,
  Wird bald der dunklen Küsse jenes Ungeheuers
  Mit den dicken Lippen überdrüssig sein.
  Guter Rodrigo, als dein aufrichtiger Freund
  Bekenne ich mich, und ich könnte dir aus noch stärkeren
  Schwierigkeiten helfen. Wenn das zerbrechliche Wort
  Einer Frau kein zu schwieriger Knoten
  Für mein Genie noch für die Hölle ist, schwöre ich,
  Daß diese Frau dir gehören wird. Höre mir zu.

Illustration zur Sturmszene im 1. Akt von A. Bonamore anlässlich der Uraufführung 1887

(Immer abseits zu Rodrigo.)
Obwohl ich vorgebe, ihn zu lieben, hasse ich diesen Mohren –
(Cassio tritt auf und gesellt sich zu einer Gruppe Soldaten.)
– Es gibt auch einen Grund für meine Wut, da ist er, sieh ihn
dir an.

(Zeigt auf Cassio.)
Dieser herausgeputzte Hauptmann
Reißt meinen Rang an sich, meinen Rang,
(Weiterer Zulauf von gemeinem Volk.)
Den ich in hundert tapfer gefochtenen Schlachten mir
Verdient habe; das war der Wille Otellos, und ich bleibe
Bei seiner Mohrenschaft Herrlichkeit der Fähnrich!
(Aus dem Holzhaufen steigen immer dichtere Rauchwolken hoch.)
Doch so wahr du Rodrigo bist,
So sicher ist auch: Wäre ich der Mohr,
Ich wollte einen Jago nicht um mich sehen.
Wenn du mich anhörst …
(Das Feuer lodert auf. Die Schankleute beleuchten festlich den Laubengang.)

CHOR Feuer der Freude! Die lustige Flamme
Vertreibt die Nacht mit ihrem Glanz.
Es glitzert, leuchtet, prasselt, züngelt
Der blitzende Brand, der das Herz erwärmt.
Vom Lichtstrahl angelockt, bewegen sich schöne
Gesichter ringsum in wechselnden Erscheinungen.
Es sind Mädchen mit frohen Gesängen,
Es sind Schmetterlinge in feurigem Flug.
Die Palme brennt bei der Sykomore,
Die Braut singt mit ihrem Getreuen
Über der goldenen Flamme, über dem fröhlichen Chor
Weht der glühende Atem des Himmels.
Das Feuer der Freude glüht schnell auf,
Schnell vergeht das Feuer der Liebe.
Es leuchtet, es wird dunkel, es zuckt, es flackert,
Der letzte Funke glüht auf und verlischt.

(Das Feuer verlischt. Das Wetter hat sich beruhigt.)
(Jago, Rodrigo, Cassio und einige andere Soldaten stehen oder sitzen um einen Tisch herum, wo es Wein gibt.)
JAGO Rodrigo, trinken wir! Nimm den Becher, Hauptmann!
CASSIO Ich trinke nicht mehr.
JAGO *(nähert den Krug Cassios Becher)*
 Nimm nur
 Diesen Schluck!
CASSIO *(zieht den Becher zurück)*
 Nein!
JAGO Sieh mal! Heute steht doch
 Ganz Zypern auf dem Kopf! Es ist eine Nacht der Freude,
 Also …
CASSIO Hör auf! Mir brennt schon das Gehirn
 Von einem geleerten Glas.
JAGO Doch, noch
 Mußt du trinken. Auf die Ehe Otellos
 Und Desdemonas!
ALLE *(außer Rodrigo)*
 Auf ihr Wohl!
CASSIO *(hebt den Becher und trinkt ein wenig)*
 Sie ist die Blume
 Dieser Insel.
JAGO *(leise zu Rodrigo)*
 Hör ihn dir an!
CASSIO Mit ihren strahlenden
 Augen bezwingt sie jedes Herz.
RODRIGO Und doch ist sie so bescheiden.
CASSIO Du, Jago,
 Mußt etwas zu ihrem Lobe singen.
JAGO *(leise zu Rodrigo)*
 Hör ihn dir an!
 (laut zu Cassio)
 Ich bin nur ein Kritiker.
CASSIO Ihre Schönheit
 Ist auch über jedes Lob erhaben.

JAGO *(leise zu Rodrigo)*
   Hüte dich
   Vor diesem Cassio!
RODRIGO Was fürchtest du?
JAGO Er redet
   Schon mit zu viel Hitze, die verwegene
   Jugend stachelt ihn an, er ist ein listiger
   Verführer, der dir den Weg versperrt.
   Paß auf …
RODRIGO Nun?
JAGO Wenn er sich betrinkt, ist er verloren!
   Bring ihn zum Trinken!
   (zu den Schankleuten)
   He, Jungens, Wein!
   (Jago füllt drei Becher: für sich, Rodrigo und Cassio.
   Die Schankleute umgeben ihn mit Kannen.)
   (Zu Cassio, den Becher in der Hand; die Menge kommt näher
   und beobachtet ihn neugierig.)
   Befeuchtet die Kehle!
   Trinke, schütte hinunter,
   Bevor zur Neige gehen
   Gesang und Glas.
CASSIO *(zu Jago, den Becher in der Hand)*
   Dieses wahrhafte Manna
   Aus der Rebe
   Umwölkt den Gedanken
   Mit schönen Nebeln.
JAGO *(zu allen)*
   Wer in den Köder
   Des wilden und wundersamen
   Dithyrambus gebissen hat,
   Der trinke mit mir.
RODRIGO UND CHOR Wer in den Köder
   Des wilden und wundersamen
   Dithyrambus gebissen hat,
   Der trinkt mit dir.

JAGO *(leise zu Rodrigo, auf Cassio zeigend)*
Noch einen Schluck,
Und er ist betrunken.
RODRIGO *(zu Jago)*
Noch einen Schluck,
Und er ist betrunken.
JAGO *(laut)*
Die Welt erbebt,
Wenn ich betrunken bin.
Ich fordere den spottenden
Gott und das Schicksal heraus!
CASSIO *(trinkt von neuem)*
Ich vibriere
Wie eine harmonische Laute.
Die Freude stampft
Über meinen Weg.
JAGO Wer in den Köder
Des wilden und wundersamen
Dithyrambus gebissen hat,
Der trinke mit mir.
RODRIGO UND CHOR
Wer in den Köder
Des wilden und wundersamen
Dithyrambus gebissen hat,
Der trinkt mit dir.
JAGO *(zu Rodrigo)*
Noch einen Schluck,
Und er ist betrunken.
RODRIGO *(zu Jago)*
Noch einen Schluck,
Und er ist betrunken.
JAGO *(laut)*
Vor dem Becher des Lebens
Fliehen nur die Feiglinge,
Die im Herzen verbergen
Betrug und Geheimnis! …

CASSIO *(einfallend)*
  Auf den Grund der Seele
  Blicke mir jeder!
  (trinkt)
  Ich fürchte nicht die Wahrheit,
  (taumelt umher)
  Ich fürchte nicht die Wahrheit ... und trinke
  und trinke und trinke und ...
DER HALBE CHOR *(lachend)*
  Ha! ha! ha! ha!
ALLE *(lachend)*
  Ha! ha! ha! ha! ha!
CASSIO *(Er möchte die erste Melodie wiederholen, erinnert sich aber nicht, setzt mit versagender Stimme wieder an.)*
  Des Kelches ... des Kelches...
  Rand färbt sich pur ... pur ... purpurn ...
  (Die anderen lachen Cassio aus.)
JAGO *(beiseite zu Rodrigo)*
  Er ist stinkbesoffen. Spute dich!
  Verwickle ihn in einen Streit. Er wird
  Schnell jähzornig,
  Wird dich beleidigen ... und schon ist der Tumult da!
  Bedenke, daß du so dem glücklichen Otello
  Die erste Liebesnacht stören kannst!
RODRIGO *(entschlossen)*
  Genau das treibt mich an.
ALLE Trink, trink, trink mit mir.
CASSIO Ich trinke, ich trinke, trinke mit dir.
  (Alle trinken.)
MONTANO *(kommt aus dem Kastell, zu Cassio)*
  Hauptmann,
  Die Wache auf den Mauern erwartet Euch.
CASSIO *(taumelnd)*
  Gehen wir!
MONTANO Was sehe ich?!

*Der Kampf zwischen Rodrigo und Cassio (1. Akt, 1. Szene),
Illustration von A. Bonamore anlässlich der Uraufführung 1887*

JAGO *(zu Montano)*
 Jede Nacht präludiert Cassio
 Auf diese Weise zum Schlaf.
MONTANO Das muß Otello wissen.
CASSIO Gehen wir auf die Mauern …
RODRIGO, DANN ALLE Ha! ha!
CASSIO Wer lacht da?
RODRIGO *(herausfordernd)*
 Ich lache über einen Betrunkenen …
CASSIO Nimm dich in acht!
 (stürzt sich auf Rodrigo) Gauner!
RODRIGO *(sich verteidigend)*
 Betrunkener Lümmel!
CASSIO Verräter!
 Dich rettet keiner mehr.
MONTANO *(trennt sie mit Gewalt, zu Cassio)*
 Zügelt die Hand,
 Mein Herr, ich bitte Euch!
CASSIO *(zu Montano)*
 Ich spalte dir den Schädel,
 Wenn du dich hier einmischst!
MONTANO Worte eines Betrunkenen …
CASSIO Eines Betrunkenen?!
 (Zieht den Degen. Auch Montano zieht. Wütende Attacke. Die Menge weicht zurück.)
JAGO *(beiseite zu Rodrigo)*
 Lauf zum Hafen mit aller Kraft, die du
 Noch hast, und schreie: Aufruhr! Aufruhr!
 Lauf! Verbreite Tumult und Entsetzen. Die Glocken
 Sollen Sturm läuten.
 (Rodrigo läuft davon. Jago wendet sich rasch zu den Kämpfenden.)
 Brüder! laßt
 Diesen maßlosen Streit!
VIELE FRAUEN DES CHORS *(fliehend)*
 Schnell fort!

JAGO Himmel! Schon trieft
  Montano von Blut. Dieser wütende Kampf!
ANDERE FRAUEN DES CHORS Schnell fort!
JAGO Haltet Frieden!
ALLE Haltet Frieden!
FRAUEN *(fliehend)*
  Sie bringen sich um!
MÄNNER Vertragt euch!
JAGO Keiner zügelt mehr diese Streitlust!
  (zu den Umstehenden)
  So schreit doch Alarm! Sie sind vom Satan besessen!
  (Sturmglocken)
STIMMEN *(auf und hinter der Bühne)*
  Alarm!
MÄNNER Alarm! Hilfe!
  (Der Kampf dauert an.)
FRAUEN *(fliehend, teils hinter der Szene)*
  Hilfe!
ALLE Hilfe!
(Die Glocken verstummen.)

ZWEITE SZENE
*Otello, Jago, Cassio, Montano, Volk, Soldaten;
später Desdemona.*

OTELLO *(gefolgt von Leuten mit Fackeln)*
  Nieder mit den Säbeln!
  (Die Kämpfenden halten ein. Der Himmel wird immer klarer.)
  Holla, was ist los? Bin ich unter Sarazenen?
  Oder ist die Türkenwut in euch gefahren,
  Daß ihr euch gegenseitig zerfleischt? Guter Jago,
  Bei der Liebe, die du zu mir hegst, rede.
JAGO Ich weiß nicht ... hier waren alle gute Freunde,
  Heiter und fröhlich ... aber mit einemmal, so,
  Als ob ein böser Planet ihnen
  Den Verstand verhext hätte, ziehen sie die Waffen,

Greifen sich wütend an ... hätte ich mir vorher doch
Die Beine abgeschlagen, die mich hierher führten!
OTELLO Cassio,
Wie konntest du dich derart vergessen?
CASSIO Gnade ... Verzeihung ... ich kann nicht sprechen ...
OTELLO Montano ...
MONTANO *(von einem Soldaten gestützt)*
Ich bin verwundet ...
OTELLO Verwundet! ... Beim Himmel,
Schon kocht mir das Blut, ha! die Wut
Läßt den Engel, der uns behütet, sich zur Flucht wenden!
(Desdemona tritt auf. Er eilt ihr entgegen.)
Wie? Meine süße Desdemona, auch sie
Wurde durch euch aus ihren Träumen gerissen! Cassio,
Du bist nicht mehr Hauptmann!
(Cassio läßt den Säbel fallen, den Jago aufhebt.)
JAGO *(gibt den Säbel Cassios einem Soldaten)*
(Oh, welch ein Triumph für mich!)
OTELLO Jago, geh du mit dieser Mannschaft
In die aufgeschreckte Stadt und stell den
Frieden wieder her.
(Jago ab.)
Man helfe Montano.
(Montano wird ins Schloß geführt.)
Jeder kehre
Unter sein eigenes Dach zurück.
(zu allen, gebieterisch)
Ich gehe nicht von dieser Stelle,
Bevor ich den Kai nicht verlassen sehe.
(Die Bühne leert sich. Otello gibt den Männern mit Fackeln, die ihn begleitet hatten, einen Wink, ins Kastell zurückzukehren.)

DRITTE SZENE
Otello und Desdemona bleiben allein.

OTELLO Schon erstirbt in tiefer Nacht
  Jeder Lärm.
  Schon besänftigt sich mein wütendes Herz
  In dieser Umarmung und kommt zur Ruhe.
  Soll doch die Schlacht donnern und die Welt in den Abgrund
      stürzen,
  Wenn nur auf den maßlosen Zorn
  Diese maßlose Liebe folgt!
DESDEMONA Mein stolzer Krieger! Wie viele Leiden,
  Wie viele traurige Seufzer und wieviel Hoffnung
  Haben uns zu den zärtlichen Umarmungen geführt!
  Oh, wie süß ist es, miteinander zu raunen:
  (Wie eine entfernte Stimme)
  Erinnere dich daran!
  Wie du von deinem einsamen Leben erzählt hast,
  Von den wilden Abenteuern und deinen langen Qualen!
  Und ich lauschte dir, die Seele gebannt
  Von diesen Schrecken, und mit Seligkeit im Herzen.
OTELLO Ich schilderte den Lärm der Waffen, den Kampf
  Und den verwegenen Flug in die tödliche Bresche,
  Den Angriff, als wir uns wie furchtbarer Efeu
  An das Bollwerk krallten, und den zischenden Pfeil.
DESDEMONA Dann hast du mich in die flimmernden Wüsten
      geführt,
  In den verbrannten Sand, auf deinen Heimatboden.
  Dann hast du mir von den erduldeten Qualen erzählt,
  Von den Ketten und vom Leiden des Sklaven.
OTELLO Die Erzählung veredelte mit Tränen
  Dein schönes Antlitz und mit Seufzern dein Mund.
  Zu meiner Finsternis kamen der Ruhm,
  Das Paradies und die Sterne herab, um mich zu segnen.
DESDEMONA Und ich sah auf deiner dunklen Stirn
  Die ewige Schönheit des Geistes strahlen.

OTELLO Und du liebtest mich um meiner Leiden willen,
  Und ich liebte dich um deines Mitgefühls willen.
DESDEMONA Und ich liebte dich um deiner Leiden willen,
  Und du liebtest mich um meines Mitgefühls willen.
OTELLO Komme der Tod, und nehme mich im Entzücken
  Dieser Umarmung
  Der höchste Augenblick hinweg!
  (Inzwischen ist der Himmel völlig klar geworden, einige Sterne werden sichtbar und am Rand des Horizonts der bläuliche Widerschein des aufgehenden Mondes.)
  So groß ist der Jubel meiner Seele, daß ich fürchte,
  Fürchte, dieser göttliche Augenblick
  Werde mir nie mehr gewährt sein
  In der unbekannten Zukunft meines Schicksals.
DESDEMONA Der Himmel möge das Leid vertreiben.
  Und Amor möge sich nicht wandeln im Wandel der Jahre.
OTELLO Auf dieses Gebet
  Möge die himmlische Schar »Amen« antworten.
DESDEMONA Sie möge »Amen« antworten.
OTELLO *(stützt sich an einen Vorsprung der Hafenmauer)*
  Ah! die Freude durchflutet mich
  So wild ... daß ich atemlos niedersinke ...
  Einen Kuß ...
DESDEMONA Otello!
OTELLO Einen Kuß ... noch einen Kuß.
  (Erhebt sich und betrachtet den gestirnten Himmel.)
  Schon steigt die glühende Plejade ins Meer herab.
DESDEMONA Die Nacht ist spät.
OTELLO Komm ... Venus leuchtet!
DESDEMONA Otello!
  (Sie gehen, einander umschlungen haltend, zum Kastell.)

Ende des ersten Akts

ZWEITER AKT

*Ein Saal zu ebener Erde im Kastell. Eine Fensterwand trennt
ihn von einem großen Garten. Ein Erker.*

ERSTE SZENE
Jago, Cassio.

JAGO *(diesseits des Erkers, zu Cassio)*
Zerbrich dir nicht den Kopf. Du kannst mir glauben: bald
Wirst du zu den tollen Liebesspäßen
Des Fräulein Bianca zurückkehren, als stolzer Hauptmann
Mit goldenem Degenkorb und geschmücktem Wehrgehänge.
CASSIO *(jenseits des Erkers)*
Laß die schönen Redereien ...
JAGO Warte ab, was ich dir sage.
Du mußt wissen, daß Desdemona die Befehlshaberin
Unseres Befehlshabers ist. Nur für sie lebt er.
Bitte sie, und diese freundliche Seele
Wird für dich sprechen, und schon ist dir die Begnadigung
                                                      sicher.
CASSIO Aber wie kann ich mit ihr sprechen?
JAGO Es ist ihre Gewohnheit,
Zur Mittagszeit unter jenen Bäumen
Mit meiner Frau spazierenzugehen. Dort warte auf sie.
Der Weg zur Rettung steht dir jetzt offen;
Geh.
(Cassio entfernt sich.)

ZWEITE SZENE
Jago allein.

JAGO *(Cassio mit den Augen folgend)*
Geh! Ich sehe schon dein Ende.
Dich treibt dein Dämon,
Und dein Dämon bin ich,

Und mich reißt der meine fort, an den ich glaube
Als an eine unerbittliche Gottheit.
(Entfernt sich vom Erker, ohne Cassio weiter zu beobachten, der unter den Bäumen verschwindet.)
Ich glaube an einen grausamen Gott, der mich erschaffen hat
Zu seinem Ebenbild und den ich im Ingrimm rufe.
Aus der Gemeinheit eines Keimes oder eines Atomes
Bin ich gemein geboren.
Ich bin verworfen,
Weil ich Mensch bin,
Und ich fühle in mir den Urschlamm.
Ja, das ist mein Glaube!
Ich glaube festen Herzens,
Mit der Gläubigkeit einer jungen Witwe im Tempel,
Daß ich das Böse in Gedanke und Auswirkung
Nach meiner Bestimmung erfülle.
Ich glaube, daß der Gerechte ein höhnender
Komödiant ist im Gesicht und im Herzen,
Daß alles an ihm Lüge ist:
Träne, Kuß, Blick, Opfer und Ehre.
Und ich glaube, daß der Mensch das Spiel
Eines ungerechten Schicksals ist
Vom Keim der Wiege
Bis zum Wurm des Grabes.
Nach all dem Spott kommt der Tod.
Und dann? Und dann? – Der Tod ist das Nichts,
Der Himmel ist ein altes Märchen.
(Man sieht im Garten Desdemona und Emilia auf und ab gehen. Jago eilt zum Erker, jenseits dessen Cassio Stellung bezogen hat. Zu Cassio.)
Da ist sie … Cassio … paß auf …
dies ist der Augenblick.
Rühr dich … Desdemona kommt.
(Cassio geht auf Desdemona zu, begrüßt sie, gesellt sich zu ihr.)
Er geht auf sie zu, er begrüßt sie

Und kommt ihr näher.
Jetzt müßte man Otello herholen! ... Hilf, hilf,
Satan, meinem Vorhaben!
Schon reden sie miteinander ... und sie neigt
Lächelnd ihr schönes Antlitz.
(Man sieht Cassio und Desdemona im Garten wieder vorbeigehen.)
Mir genügt nur ein Blitz dieses Lächelns,
Um Otello ins Verderben zu ziehen.
Gehen wir ...
(Will gerade loseilen, da hält er plötzlich an.)
Aber der Zufall läßt sich zu meinem Vorteil nutzen.
Da ist er ... auf den Posten, ans Werk!
(Er bleibt bewegungslos im Erker und starrt in den Garten, wo sich Cassio und Desdemona aufhalten.)

DRITTE SZENE
Jago, Otello.

JAGO *(tut, als habe er Otello nicht bemerkt und spräche mit sich selber.)*
Das liegt mir auf dem Herzen ...
OTELLO *(geht auf Jago zu)*
Was sagst du?
JAGO Nichts – Ihr hier? Ein nichtiges
Wort ging mir von den Lippen.
OTELLO Der sich von meiner Frau entfernt,
Ist das Cassio?
(Beide treten aus dem Erker hervor.)
JAGO Cassio? nein ... Der da machte sich aus dem Staube
Wie ein Verbrecher, als er Euch sah.
OTELLO Ich glaube aber, daß es Cassio war.
JAGO Mein Herr ...
OTELLO Was willst du? ...
JAGO Kannte Cassio nicht
Desdemona in den ersten Tagen Eurer Liebe?

OTELLO Ja.
  Warum stellst du diese Frage?
JAGO Mein Gedanke ist unbestimmt,
  Vom Wahn eingegeben
  Und nicht von böser Absicht.
OTELLO Sprich deinen Gedanken aus, Jago.
JAGO Ihr habt Euch Cassio anvertraut?
OTELLO Oft brachte er ein Geschenk oder eine Nachricht
                                             von mir
  Zu meiner Braut.
JAGO Wirklich?
OTELLO Ja, wirklich.
  (ruhig)
  Hältst du ihn nicht für ehrlich?
JAGO *(Otello nachahmend)*
  Ehrlich?
OTELLO Was verbirgst du in deinem Herzen?
JAGO Was verberge ich im Herzen, Herr?
OTELLO »Was verberge ich im Herzen, Herr?«
  Beim Himmel! Du bist das Echo meiner Worte! Im Kreuzgang
  Deiner Seele hältst du ein fürchterliches Ungeheuer versteckt.
  Ja, deutlich habe ich dich vorhin murmeln hören: »Das liegt
                                             mir auf dem Herzen.«
  Aber was lag dir auf dem Herzen? Du sprichst von Cassio,
                                             und dann
  Ziehst du die Stirn zusammen. Los, rede, wenn du mich
                                             liebst.
JAGO Ihr wißt, daß ich Euch liebe.
OTELLO Also äußere dich unverblümt
  Und ohne Umschweife. Aus deiner Kehle
  Komme der böseste Gedanke mit dem bösesten Wort hervor!
JAGO Auch wenn Ihr meine ganze Seele in Händen hieltet,
  Würdet Ihr es nicht erfahren.
OTELLO Ah!
JAGO *(dicht bei Otello und leise)*
  Hütet Euch, Herr, vor der Eifersucht! Sie ist eine

Schwarze, gehässige, blinde Hydra; mit ihrem Gift vergiftet sie
Sich selbst, eine offene Wunde reißt ihr die Brust auf.
OTELLO Bei meinen Qualen!! Nein! der leere Verdacht nützt
                                                                                    nichts.
Vor dem Zweifel die Untersuchung, nach dem Zweifel
                                                              der Beweis,
Nach dem Beweis (Otello hat seine höchsten Gesetze)
Sollen Liebe und Eifersucht gemeinsam hinweggeweht sein!
JAGO *(immer dreister)*
Ein solcher Vorsatz sprengt von meinen Lippen das Siegel
Noch spreche ich nicht von Beweis. Jedoch, großherziger
                                                                    Otello,
Seid wachsam; oft sehen die ehrlichen und offenen
Gemüter nicht den Betrug: seid wachsam!
Prüft die Worte Desdemonas. Ein Wort
Kann das Vertrauen wiederherstellen, kann den
                                                          Verdacht bestätigen …
Da ist sie …
(wie vorher, leise)
Seid wachsam!
(Durch die weite Öffnung im Hintergrund sieht man, wie Desdemona wieder im Garten erscheint: Sie ist von Frauen der Insel, Kindern, zyprischen und albanischen Seeleuten umgeben, die kommen, um ihr Blumen, Blütenzweige und andere Geschenke anzubieten. Einige singen und begleiten sich selbst auf der Guzla [einer Art Mandoline], andere haben kleine Harfen umhängen.)
CHOR *(vom Garten)*
Wohin du blickst, erglänzen
Strahlen, lodern Herzen.
Wo du gehst, sinken
Blütenwolken herab.
Hierher, zwischen Lilien und Rosen,
Wie zu einem reinen Altar,
Kommen Väter, Kinder, Frauen,
Um zu singen.

KINDER *(Lilien auf den Boden streuend)*
 Wir bringen dir die Lilie dar
 Auf sanftem Stengel,
 Wie er in der Hand der Engel
 Zum Himmel getragen wurde.
 Sie verschönt den strahlenden
 Mantel und das Kleid
 Der Madonna
 Und ihren heiligen Schleier.
FRAUEN UND SEELEUTE Während fröhlich das Lied
 In die Luft steigt,
 Begleitet die behende Mandoline
 Seinen Klang.
SEELEUTE *(bieten Desdemona Perlen und Korallen zum Geschenk dar)*
 Für dich sind die Korallen,
 Die Perlen und die Austern,
 Die wir in den Tiefen
 Des Meeres gesammelt haben.
 Wir wollen Desdemona
 Mit unseren Gaben
 Wie ein Heiligenbild
 Schmücken.
KINDER UND FRAUEN Während fröhlich das Lied
 In die Luft steigt,
 Begleitet die behende Mandoline
 Seinen Klang.
FRAUEN *(Zweige und Blüten streuend)*
 Die Blütenpracht,
 Den Knospen entsprungen,
 Streuen wir in Wolken
 Für dich auf die Erde.
 Der April umgibt
 Die blonde Gattin
 Mit schimmerndem Tau,
 Der in der Sonne funkelt.

KINDER UND SEELEUTE
  Während fröhlich das Lied
  In die Luft steigt,
  Begleitet die behende Mandoline
  Seinen Klang.
ALLE Wohin du blickst, erglänzen
  Strahlen, lodern Herzen.
  Wo du gehst, sinken
  Blütenwolken herab.
  Hierher, zwischen Lilien und Rosen,
  Wie zu einem reinen Altar,
  Kommen Väter, Kinder, Frauen,
  Um zu singen.
DESDEMONA Der Himmel leuchtet, es tanzt
  Die Luft, die Blume duftet.
  Freude, Liebe, Hoffnung
  Singen in meinem Herzen.
CHOR Dein Leben sei glücklich! Lebe wohl! Hier regiert Amor.
OTELLO *(innig bewegt)*
  Dieser Gesang bezwingt mich.
  Nein, nein, wenn sie mich betrügt, verspottet der Himmel
                                       sich selbst.
JAGO (Schönheit und Liebe, im süßen Gesang klingt
                                       ihr zusammen!
  Eure lieblichen Akkorde werde ich zerstören.)
  (Nach dem Ende des Chorgesangs küßt Desdemona einige Kinder auf das Haupt, einige Frauen küssen den Saum ihres Kleids, und sie gibt den Seeleuten eine Börse. Der Chor entfernt sich. Desdemona, von Emilia gefolgt, betritt den Saal und geht auf Otello zu.)

DESDEMONA *(zu Otello)*
    Ich überbringe dir die Bitte eines Mannes,
    Der unter deiner Ungnade leidet.
OTELLO Wer ist es?
DESDEMONA Cassio.
OTELLO War er es,
    Der mit dir unter den Bäumen dort sprach?
DESDEMONA Eben der, und sein Schmerz, der auch mich ergreift,
    Ist so aufrichtig, daß er der Begnadigung würdig ist.
    Ich trete für ihn ein, für ihn bitte ich.
    Verzeihe ihm.
OTELLO Nicht jetzt.
DESDEMONA Schlage mir nicht diese Bitte ab.
    Verzeihe ihm.
OTELLO *(rauh)*
    Nicht jetzt.
DESDEMONA Warum klingt
    Deine Stimme gereizt? Welches Leid bedrückt dich?
OTELLO Mir brennen die Schläfen …
DESDEMONA *(faltet ihr Taschentuch auseinander, wie um Otello die Stirn zu verbinden)*
    Dieses lästige Brennen
    Vergeht, wenn meine Hand dir
    Dieses weiche Leinen auflegt.
OTELLO *(wirft das Taschentuch zu Boden)*
    Das brauche ich nicht!
DESDEMONA Du bist verärgert,
    Herr.
OTELLO *(rauh)*
    Laß mich! Laß mich!
    (Emilia hebt das Taschentuch vom Boden auf.)
DESDEMONA
    Wenn ich dir, mein Gatte, unbewußt ein
    Unrecht zugefügt habe,

Gewähre mir das süße und heitere
Wort des Verzeihens.
Ich bin dein Kind,
Demütig und sanft.
Doch deine Lippen seufzen,
Den Blick heftest du auf die Erde.
Sieh mir ins Gesicht und erfahre,
Wie die Liebe spricht.
Komm zu mir, daß ich dir das Herz erheitere,
Daß ich deinen Schmerz lindere.
OTELLO *(für sich)*
(Vielleicht, weil ich die Netze
Gewitzter Liebeskunst nicht zu legen weiß,
Vielleicht, weil ich hinabsteige
Ins Tal der Jahre,
Vielleicht, weil ich auf dem Gesicht
Diese schwarze Finsternis trage,
Ist sie verloren und bin ich
Verspottet und zerreiße mir das Herz
Und sehe im Morast
Meinen goldenen Traum zugrunde gehen.)
JAGO *(leise zu Emilia)*
Gib mir das Tuch,
Daß du gerade aufgenommen hast.
EMILIA *(leise zu Jago)*
Welchen Betrug hast du im Sinn?
Ich sehe es deinem Gesicht an!
JAGO Du weigerst dich umsonst,
Wenn ich befehle.
EMILIA Deine ruchlose
Mißgunst ist mir bekannt.
JAGO Verrückter Verdacht!
EMILIA Eine treue Wache
Ist diese Hand.
JAGO Gib mir das Tuch!
(Ergreift heftig Emilias Arm.)

Drohend liegt auf dir
  Meine zornige Hand.
EMILIA Ich bin deine Frau,
  Nicht deine Sklavin.
JAGO Die unkeusche Sklavin
  Des Jago bist du.
EMILIA Mein Herz ahnt
  Etwas Schreckliches.
JAGO Du hast doch keine Angst vor mir?
EMILIA Grausamer Mann!
JAGO Gib her …
EMILIA Was hast du vor?
JAGO Gib das Tuch her!
  (Entreißt ihr das Tuch mit heftigem Ruck.)
  (Schon habe ich es
  In meiner Gewalt, und jetzt
  Arbeitet Jago
  Weiter an diesem Gespinst!)
EMILIA (Die finstern und gemeinen Klauen
  Waren stärker.
  Gott beschütze uns
  Immer vor Gefahren.)
OTELLO Geht! Ich will allein bleiben.
JAGO *(leise zu Emilia, die gehen will)*
  Du hältst besser
  Den Mund, verstehst du?
  (Desdemona und Emilia gehen ab. Jago tut, als ob er durch die hintere Tür gehen wollte, bleibt aber davor stehen.)

FÜNFTE SZENE
Otello, Jago im Hintergrund.

OTELLO *(matt, auf einer Bank)*
  Desdemona schuldig!
JAGO *(betrachtet im Hintergrund verstohlen das Taschentuch, steckt es dann sorgfältig in sein Wams)*

(Mit diesen Fäden werde ich den Beweis
   Für die Liebessünde weben. In der Wohnung
   Des Cassio muß das versteckt werden.)
OTELLO Furchtbarer Gedanke!
JAGO *(Otello beobachtend)*
   (Mein Gift arbeitet.)
OTELLO Schuldig gegen mich! gegen mich!!!
JAGO *(finster)*
   (Leide und brülle!)
OTELLO Furchtbar!!! Furchtbar!!!
JAGO *(hat sich an Otellos Seite geschoben, harmlos)*
   Denkt nicht mehr daran.
OTELLO *(aufspringend)*
   Du? Weg vor mir! Hinaus!
   Du hast mich ans Kreuz geschlagen! …
   Ach! … Schrecklicher als das schrecklichste Vergehen
   Ist der Verdacht des Vergehens.
   In den geheimen Stunden ihrer Wollust
   (Und mir wurden sie gestohlen!), hat da meine Brust
   Vielleicht eine Ahnung bewegt? Ich war mutig, froh …
   Noch wußte ich nichts; ich spürte nicht
   Auf ihrem göttlichen Körper, der mich entzückt,
   Und auf ihren lügnerischen Lippen
   Die glühenden Küsse
   Des Cassio! Und jetzt … Und jetzt …
   Jetzt und für immer: lebt wohl, heilige Erinnerungen,
   Lebt wohl, erhabene Wonnen des Gedankens!
   Lebt wohl, blitzende Truppen, lebt wohl, ihr Siege,
   Ihr fliegenden Pfeile und ihr fliegenden Pferde!
   Lebt wohl, siegreiche und treue Fahne
   Und ihr Weckrufe, die in den Morgen hinausschmettern!
   Schlachtenlärm und Kampfgesänge, lebt wohl! …
   Otellos Ruhm geht hier zu Ende!
JAGO Beruhigt Euch, Herr!
OTELLO Elender! Beschaffe mir
   Einen sicheren Beweis,

Otello und Jago (2. Akt, 5. Szene), Illustration von A. Bonamore anlässlich der Uraufführung 1887

Daß Desdemona unkeusch ist ...
Entschlüpfe mir nicht! entschlüpfe mir nicht! nichts
kann dir helfen!
Ich will einen sicheren, einen sichtbaren Beweis!
Sonst soll über deinem Haupt
Sich entflammen und niedergehn der Blitz
Der furchtbaren Wut, die in mir aufwallt.
(packt Jago an der Kehle und wirft ihn zu Boden)
JAGO *(richtet sich auf)*
Göttliche Gnade, beschütze mich! Der Himmel
Bewahre Euch! Ich bin nicht mehr Euer Fähnrich.
Die Welt soll mein Zeuge sein,
Daß die Ehrlichkeit gefährlich ist.
(Tut, als wolle er gehen.)
OTELLO Nein ... bleibe.
Vielleicht bist du ehrlich.
JAGO *(auf der Schwelle; tut, als wolle er gehen)*
Besser,
Ich wäre ein Spitzbube!
OTELLO Beim Universum!
Ich glaube, daß Desdemona treu ist und glaube,
Daß sie es nicht ist; ich glaube, daß du ehrlich bist,
und glaube,
Daß du unredlich bist ... Den Beweis will ich!
Ich will Gewißheit!!
JAGO *(kommt zu Otello zurück)*
Herr, zügelt Eure Ungeduld.
Und welche Sicherheit braucht Ihr? Wollt Ihr sie
Vielleicht in Umarmung sehen?
OTELLO Ha! Tod und Verdammnis!!
JAGO Das wäre ein schwieriges Unterfangen. Und von welcher
Gewißheit
Träumt Ihr, wenn dieser schmutzige Tatbestand
Sich Euch immer entziehen wird? ... Aber wenn auch
Die Vernunft zur Wahrheit führt, hege ich eine Vermutung,
Die so stichhaltig ist, daß sie Euch bald

Zur Gewißheit geleitet. Hört:
(sehr dicht bei Otello und leise)
Es war Nacht, Cassio schlief, ich war an seiner Seite.
In abgerissenen Lauten gab er seine innerste Wonne preis.
Langsam, langsam bewegte er die Lippen, hingerissen
Von dem glühenden Traum; und dann sagte er in
                                  klagendem Ton:
»Holde Desdemona! Unsere Liebe muß verborgen bleiben.
Seien wir auf der Hut! Das Entzücken des Himmels
                                  überwältigt mich.«
Freundlicher wurde dann der liebliche Traum;
                                mit zärtlicher Sorge,
Das geträumte Bild gleichsam küssend, sagte er dann:
»Ich verfluche das böse Schicksal, das dich dem
                                    Mohren gab.«
Und dann verwandelte sich der Traum in blinden Schlaf.
OTELLO O ungeheure Schuld!
JAGO Ich erzählte
  Nur einen Traum.
OTELLO Einen Traum, der eine Tatsache enthüllt.
JAGO Einen Traum, der einem anderen Indiz
  Die Gestalt des Beweises verleihen kann.
OTELLO Und welchem?
JAGO Habt Ihr nicht manchmal
  In Desdemonas Hand ein Gewebe gesehen,
  Mit Blumen bestickt und feiner als ein Schleier?
OTELLO Es ist das Taschentuch, das ich ihr als erstes Pfand
  Der Liebe gab.
JAGO Dieses Taschentuch, gestern
  (Ich bin sicher) sah ich es in Händen Cassios!
OTELLO Ah! hätte Gott ihm tausend Leben gegeben!
  Eines ist zu armselige Beute für meine Wut!
  Jago, mir erstarrt das Herz zu Eis.
  Ich werfe die Larve des Mitleids von mir!
  Meine ganze eitle Liebe blase ich in den Himmel;
  Sieh her, sie ist verschwunden.

Mit ihrem geringelten Körper
Umschlingt mich die Hydra! Ha! Blut! Blut! Blut!
(Fällt auf die Knie.)
Ja, ich schwöre beim marmornen Himmel!
                               Bei den züngelnden Blitzen!
Beim Tode und beim schwarzen, verderbenbringenden Meer!
Bald soll es geschehen, daß diese Hand, bebend vor
                               Zorn und Rachsucht,
Die ich hebe und ausstrecke, den Blitz entläßt!
(hebt die Hand zum Himmel)
(Otello will aufstehen, Jago drückt ihn wieder auf die Knie.)
JAGO Erhebt Euch noch nicht!
(fällt ebenfalls auf die Knie)
Zeugen sind die Sonne, die ich sehe, die mich wärmt
                                   und beseelt,
Die weite Erde und der endlose Atem der ganzen Schöpfung,
Daß ich Otello weihe Blut, Herz, Arm und Seele,
Auch wenn sein Wille sich zu blutigem Werk rüstet!
JAGO UND OTELLO *(heben die Hand zum Himmel wie beim Schwur)*
Ja, ich schwöre beim marmornen Himmel!
                               Bei den züngelnden Blitzen!
Beim Tode und beim schwarzen, verderbenbringenden Meer!
Bald soll es geschehen, daß diese Hand, die ich hebe
                               und ausstrecke,
Den Blitz des Zornes und furchtbarer Gewalt entläßt.
Gott der Rache!

Ende des zweiten Akts

DRITTER AKT

*Der große Saal im Kastell. Rechts ein breiter Säulengang,
der an einen Saal kleineren Ausmaßes stößt.
Im Hintergrund ein Erker.*

ERSTE SZENE
Otello, Jago, ein Herold.

HEROLD (*vom Säulengang her zu Otello, der sich mit Jago im Saal aufhält*)
Der Hafenposten hat
Die Galeere aus Venedig gemeldet, die die Gesandten
Nach Zypern bringt.
OTELLO (*zum Herold, gibt ihm einen Wink, sich zu entfernen*)
Es ist gut.
(*Der Herold geht.*)
(*zu Jago*)
Sprecht weiter.
JAGO Ich werde Cassio hierherlocken und mit listigen Fragen
Zum Plaudern verleiten.
Ihr versteckt Euch dort,
(*auf die Öffnung des Erkers zeigend*)
Prüft sein Verhalten, seine Worte,
Die Späße, die Gesten. Habt Geduld,
Sonst entgeht Euch der Beweis. Da kommt Desdemona.
Verstellung tut not … Ich gehe.
(*Er entfernt sich, als wolle er fortgehen, hält dann an und kehrt zu Otello zurück.*)
Das Taschentuch!
OTELLO Geh! Zu gern hätte ich es vergessen.
(*Jago ab.*)

ZWEITE SZENE
Otello, Desdemona.

DESDEMONA *(von der Tür links, noch auf der Schwelle)*
  Gott segne dich, o Gatte und Gebieter meiner Seele.
OTELLO *(geht Desdemona entgegen und nimmt sie bei der Hand)*
  Danke, meine Dame, gebt mir Eure Hand aus Elfenbein.
  Warmer Tau netzt ihre zerbrechliche Schönheit.
DESDEMONA Noch kennt sie nicht die Spuren des Schmerzes
                                        und des Alters.
OTELLO Und doch nistet hier der freundliche Dämon
                            der Verführung,
  Der das reizende Elfenbein des zierlichen Fingers erleuchtet.
  Geschmeidig gibt er sich dem Gebet und der frommen
                                        Inbrunst hin …
DESDEMONA Und doch habe ich Euch mit dieser Hand
                              mein Herz geschenkt.
  Aber ich muß mit Euch noch einmal über Cassio sprechen.
OTELLO Noch macht mir das Ungemach
  Meiner Krankheit zu schaffen. Verbinde mir die Stirn.
DESDEMONA *(zieht ein Taschentuch hervor)*
  Sofort!
OTELLO Nein, ich will das Taschentuch, das ich dir geschenkt
                                        habe.
DESDEMONA Das habe ich nicht bei mir.
OTELLO Desdemona! wehe, wenn du es verlierst! Wehe!
  Eine mächtige Zauberin wob seinen geheimnisvollen Faden:
  Der starke Zauberspruch eines Talismans ist darin versenkt.
  Sei achtsam! Es zu verlieren oder zu verschenken ist
                                        schlimme Untat!
DESDEMONA Sprichst du die Wahrheit?
OTELLO Ich spreche die Wahrheit.
DESDEMONA Du machst mir angst!
OTELLO Wie?! Hast du es vielleicht verloren?
DESDEMONA Nein …

OTELLO Suche es!

DESDEMONA Gleich …
   Werde ich es suchen …

OTELLO Nein, sofort!

DESDEMONA Du treibst dein Spiel mit mir.
   So drängst du die Frage nach Cassio zurück. Das ist eine List
   Deines Denkens.

OTELLO Beim Himmel! Ich gerate in Wut!
   Das Taschentuch …

DESDEMONA Cassio ist dein bester Freund.

OTELLO Das Taschentuch!!

DESDEMONA Begnadige Cassio …

OTELLO *(furchterregend)*
   Das Taschentuch!!

DESDEMONA Großer Gott! Aus deiner Stimme schreit
                             eine Drohung!

OTELLO Hebe deine Augen!

DESDEMONA Was hast du Entsetzliches vor!

OTELLO *(faßt sie gewaltsam am Kinn und zwingt sie, ihm ins
   Auge zu sehen)* Sieh mir ins Gesicht!
   Sag mir, wer du bist!

DESDEMONA Die treue Gemahlin Otellos.

OTELLO Schwöre es!
   Schwöre es und verdamme dich …

DESDEMONA Otello glaubt an meine Treue.

OTELLO Ich glaube
   An deine Unreinheit.

DESDEMONA Gott steh mir bei!

OTELLO Laufe in dein Verderben.
   Sag, daß du keusch bist.

DESDEMONA *(ihn fest ansehend)*
   Keusch … das bin ich …

OTELLO Schwöre es und verdamme dich!!!

DESDEMONA Entsetzt sehe ich deinen wilden Blick.
   Aus dir spricht eine Furie, ich höre sie, aber ich verstehe
                             sie nicht.

Sieh mich an! Ich öffne dir mein Gesicht und meine Seele;
das gebrochene Herz
Erforsche mir ... mit diesen Tränen flehe ich den Himmel
an für dich.
Um deinetwillen netze ich mit diesen brennenden Tränen
die Erde.
Sieh, wie mir der Schmerz die ersten Tränen hervortreibt.

OTELLO Wenn dich jetzt dein Dämon sieht, hält er dich für
einen Engel
Und berührt dich nicht.

DESDEMONA Der Ewige sieht meine Treue!

OTELLO Nein! die Hölle sieht sie.

DESDEMONA Ich rufe deine Gerechtigkeit an,
Mein Gatte!

OTELLO Ah! Desdemona! Fort mit dir! fort! fort!!

DESDEMONA Auch du weinst?! ... Und seufzend zähmst du
des Herzens Qual!
Und ich bin die unschuldige Ursache so vieler Tränen!
Was ist mein Vergehen?

OTELLO Das fragst du noch? Das schwärzeste Verbrechen
Ist in das Lilienweiß deiner Stirn geschrieben.

DESDEMONA Ach!

OTELLO Wie? Bist du etwa nicht eine gemeine Hure?

DESDEMONA Himmel! Nein ... nein ... bei der Taufe des
christlichen Glaubens ...

OTELLO Was?

DESDEMONA Ich bin nicht, was dieses furchtbare Wort
bezeichnet.

OTELLO *(geht plötzlich von Wut zur furchtbarsten ironischen Ruhe über, nimmt Desdemona bei der Hand und führt sie zu der Tür, durch die sie eingetreten ist.)*
Reicht mir doch noch einmal die Hand aus Elfenbein, ich will
es gutmachen.

(bedeutungsvoll, mit Nachdruck)
Ich hielt Euch,
(leise, gesprochen)

verzeiht, wenn mein Gedanke abwegig ist,
(mit Nachdruck)
Für jene gemeine Hure,
(finster und furchtbar)
Die die Gattin Otellos ist.
(Mit einer Beugung des Arms, doch ohne sonstige Regung, zwingt Otello Desdemona hinauszugehen. Dann kehrt er mit äußerster Niedergeschlagenheit zur Mitte der Bühne zurück.)

DRITTE SZENE

OTELLO *(mit erstickter Stimme)*
  Gott! du konntest auf mich schleudern alle Qualen
  Des Elends, der Schande,
  Aus meinen kühnen Trophäen des Triumphes
  Schutt und Lüge machen ...
  Und ich hätte das grausame Kreuz
  Des Leidens und der Scham
  Mit ruhiger Stirn getragen
  Und mich in den Willen des Himmels gefügt.
  Aber, o Qualen, o Schmerz, man hat mir das Traumbild
                                                    geraubt,
  An dem ich froh die Seele labe.
  Erloschen ist die Sonne, das Lächeln, der Lichtstrahl,
  Der mich belebt, der mich beglückt!
  Du schließlich, Milde, frommer unsterblicher Geist,
  Die du sonst blühend lächelst,
  Du bedeckst dein heiliges Antlitz
  Mit der gräßlichen Larve der Hölle!

VIERTE SZENE
Otello, dann Jago.

OTELLO Ha! Verdammnis! Erst soll er das Verbrechen
  Gestehen und dann sterben!
  Ein Geständnis! Ein Geständnis!

(Jago tritt ein.)
Der Beweis!
JAGO *(auf den Eingang zeigend)*
  Cassio ist da!
OTELLO Da?! Himmel! O Freude!!
  (schaudernd)
  Entsetzen! Schändliche Martern!
JAGO Nimm dich zusammen! Versteck dich!
  (Zieht Otello eilig nach links in den Hintergrund, wo sich der Erker befindet. Läuft dann zum Säulengang.)

FÜNFTE SZENE
Otello im Versteck, Jago, Cassio.

JAGO *(stößt auf Cassio, der zögernd eintritt)*
  Kommt herein. Der Saal ist verlassen.
  Komm näher, Hauptmann.
CASSIO Diese Rangbezeichnung klingt nur noch leer
  Für mich.
JAGO Fasse Mut, dein Fall liegt in so guten Händen,
  Daß der Sieg sicher ist.
CASSIO Ich glaubte, Desdemona hier anzutreffen.
OTELLO *(im Versteck)*
  (Er hat von ihr gesprochen.)
CASSIO Ich möchte noch einmal mit ihr sprechen,
  Um zu erfahren, ob meine Begnadigung ausgesprochen ist.
JAGO *(heiter)*
  Warte auf sie;
  (zieht Cassio zur ersten Säule des Säulengangs)
  Und inzwischen, da ja deine Zunge
  Der muntern Späße nie müde wird,
  Erzähl mir ein bißchen von der, die dich entzückt.
CASSIO Von wem?
JAGO *(leise)* Von Bianca.
OTELLO (Er lacht!)
CASSIO Unsinn!

JAGO Sie bestrickt dich
   Mit ihren schönen Augen.
CASSIO Du bringst mich zum Lachen.
JAGO Wer siegt, der lacht.
CASSIO *(lachend)*
   Bei solchen Herausforderungen gilt vielmehr:
   Wer lacht, der siegt. Ha! ha!
JAGO *(lachend)*
   Ha! ha!
OTELLO *(im Erker)*
   (Der Schurke triumphiert, sein Spott tötet mich.
   Gott, besänftige die Wut, die ich im Herzen habe!)
CASSIO Ich bin der Küsse
   Und der Spiele schon satt.
JAGO Du bringst mich zum Lachen.
CASSIO O flüchtige Liebschaften!
JAGO Du sehnst dich nach den Fesseln einer anderen Schönen.
   Treffe ich ins Schwarze?
CASSIO Ha! ha!
JAGO Ha! ha!
OTELLO (Der Schurke verhöhnt mich, sein Spott tötet mich.
   Gott, besänftige die Wut, die ich im Herzen habe!)
CASSIO Du hast ins Schwarze getroffen.
   Ja, ich gestehe es.
   Hör zu ...
JAGO Sprich leise, ich höre zu.
   (Zieht Cassio aus der Nähe Otellos.)
CASSIO Jago, du kennst doch meine Wohnung ...
   (Die Worte verlieren sich.)
OTELLO *(kommt vorsichtig etwas näher, um besser verstehen zu können)*
   (Jetzt erzählt er ihm die Art und Weise,
   Den Ort und die Stunde ...)
CASSIO Von unbekannter Hand ...
   (Die Worte verlieren sich wieder.)
OTELLO (Ich höre die Worte nicht ...

Ach! und ich muß sie hören! Wie weit ist es mit mir
gekommen!!)
CASSIO Ein gesticktes Tuch ...
JAGO Das ist seltsam! Das ist seltsam!
OTELLO (Jago gibt mir ein Zeichen, näher zu kommen.)
(*Schleicht sich vorsichtig näher und versteckt sich hinter einer Säule.*)
JAGO (*leise*)
Von unbekannter Hand?
(*laut*)
Unsinn!
CASSIO Wirklich!
(*Jago bedeutet Cassio, noch leiser zu reden.*)
Wie gern wüßte ich,
Wer es ist ...
JAGO (*blickt schnell in Otellos Richtung, für sich*)
(Otello späht.)
(*laut zu Cassio*)
Hast du es bei dir?
CASSIO (*zieht das Taschentuch Desdemonas aus dem Wams hervor*)
Sieh her!
JAGO (*nimmt das Taschentuch*) Welches Wunderwerk!
(*für sich*) (Otello horcht.
Er kommt
Mit vorsichtigen Bewegungen näher.)
(*scherzend zu Cassio*)
Mein schöner Kavalier, in Eurem Haus
(*hält die Hände auf dem Rücken, damit Otello das Tuch sehen kann*)
Verlieren die Engel Heiligenschein und Schleier.
OTELLO (*sieht das Taschentuch aus der Nähe, im Rücken Jagos und von der ersten Säule gedeckt*)
(Das ist es! Das ist es!
Tod und Untergang!)
JAGO (Otello horcht.)

OTELLO *(für sich, leise)*
(Alles ist erloschen, Liebe und Schmerz.
Meine Seele rührt niemand mehr.
(betrachtet, hinter der Säule versteckt, immer wieder das Taschentuch in Cassios Händen)
Verrat, deinen furchtbaren Beweis
Zeigst du der Sonne.)
JAGO *(zeigt auf das Taschentuch, zu Cassio)*
Dies ist ein Netz,
In das dein Herz
Fällt, in dem es klagt,
Sich verfängt und stirbt.
Zu sehr bewunderst du es,
Zu oft betrachtest du es.
Hüte dich vor dem nichtigen
Und trügerischen Taumel.
Dies ist ein Netz,
In das dein Herz
fällt, in dem es klagt,
Sich verfängt und stirbt.
CASSIO *(betrachtet das Taschentuch, das er Jago wieder abgenommen hat)*
Schönes Zauberwerk
Der Haspel und der Nadel,
Das die Fäden eines Gewebes
In Strahlen verwandelt.
Weißer, leichter
Als eine Schneeflocke,
Als eine Wolke, die gewebt ist
Aus den Lüften des Himmels.
(Ein Trompetensignal von ferne, dann ein Kanonenschuß. Antwortsignale vom Schloß.)
JAGO Achtung!
(Otello hat sich in den Erker zurückgezogen.)
Das ist das Signal, das die Landung
Der Trireme aus Venedig meldet. Höre!

(Signale von verschiedenen Seiten.)
Das ganze Kastell antwortet mit seinen Fanfaren.
Wenn du hier nicht mit Otello zusammentreffen willst,
Beeile dich.
CASSIO Leb wohl.
JAGO Geh!
(Cassio verschwindet schnell im Hintergrund.)

SECHSTE SZENE
Jago, Otello.

OTELLO *(geht auf Jago zu)*
  Wie bringe ich sie um?
JAGO Habt Ihr auch gesehen, wie er gelacht hat?
OTELLO Ich habe es gesehen.
JAGO Und das Taschentuch?
OTELLO Alles habe ich gesehen.
  (Trompeten hinter der Szene.)
CHOR *(hinter der Szene)* Vivat!
  Zum Ufer!
  Zur Landung!
OTELLO Sie ist verurteilt.
  Sorge dafür, daß ich diese Nacht Gift habe.
CHOR Vivat! Es lebe der Löwe von San Marco!
JAGO Kein Gift, es ist besser, sie zu erwürgen,
  Dort, in ihrem Bett, dort, wo sie gesündigt hat.
OTELLO Dieser Richtspruch von dir gefällt mir.
JAGO Für Cassio
  Wird Jago sorgen.
OTELLO Jago, auf der Stelle
  Ernenne ich dich zu meinem Hauptmann.
JAGO Mein Feldherr,
  Ich sage Euch Dank. Da sind die Gesandten.
  Ihr empfangt sie. Doch um Verdacht zu vermeiden,
  Sollte Desdemona sich diesen Herren zeigen.
OTELLO Ja, bringe sie hierher.

(Jago ab durch die Tür links. Otello geht nach hinten, um die Gesandten zu empfangen, Trompeten hinter der Szene.)
CHOR Vivat! Er lebe!

SIEBENTE SZENE
Es treten auf Jago, Lodovico, Rodrigo, der Herold – Desdemona mit Emilia – Würdenträger der Republik Venedig – Edelleute und Damen – Soldaten – Trompeter, dann Cassio.

CHOR Es lebe der Löwe von San Marco!
Es lebe der Löwe, es lebe der Löwe von San Marco!
LODOVICO *(hält eine Pergamentrolle in der Hand)*
Der Doge und der Senat
Begrüßen den siegreichen Helden
Von Zypern. Ich lege in Eure Hände
Die Botschaft des Dogen.
OTELLO *(nimmt das Schreiben und küßt das Siegel)*
Ich küsse das Siegel
Der erhabenen Majestät.
(entrollt es und liest)
LODOVICO *(geht zu Desdemona)*
Meine Dame,
Der Himmel beschütze Euch.
DESDEMONA Und der Himmel erhöre Euch.
EMILIA *(beiseite, zu Desdemona)*
Wie traurig du bist!
DESDEMONA *(beiseite, zu Emilia)*
Emilia! eine schwere Wolke
Verdüstert den Geist Otellos und mein Schicksal.
JAGO *(zu Lodovico)*
Mein Herr, ich freue mich, Euch zu sehen.
(Lodovico, Desdemona und Jago bilden eine Gruppe.)
LODOVICO Jago,
Was gibt es Neues? Aber ich finde nicht
Cassio unter euch.

JAGO Er fiel bei Otello in Ungnade.
DESDEMONA Ich glaube,
    Daß er Gnade finden wird.
OTELLO *(immer mit Lesen beschäftigt, plötzlich zu Desdemona)*
    Seid Ihr sicher?
DESDEMONA Was sagt Ihr?
LODOVICO Er liest, er spricht nicht mit Euch.
JAGO Mag sein,
    Daß er Gnade finden wird.
DESDEMONA Jago, das hoffe ich.
    Du weißt, daß ich aufrichtige Zuneigung zu Cassio
                                                empfinde …
OTELLO *(immer noch lesend, fiebrig, leise zu Desdemona)*
    Zügelt doch Eure geschwätzige Zunge …
DESDEMONA Verzeiht, mein Gebieter …
OTELLO *(auf Desdemona zuspringend)*
    Du Dämon, schweige!
LODOVICO *(fällt Otello in den Arm)* Halt!
EMILIA, RODRIGO, CHOR Entsetzlich!
LODOVICO Mein Kopf wagt nicht zu denken,
    Daß wahr ist, was ich sah.
OTELLO *(zum Herold, gebieterisch)*
    Cassio soll zu mir kommen!
    (Herold ab.)
JAGO *(leise zu Otello)*
    (Was hast du vor?)
OTELLO *(leise zu Jago)*
    (Beobachte sie, wenn er kommt.)
CHOR Ach, traurige Gattin.
LODOVICO *(geht zu Jago, nimmt ihn beiseite)*
    Das also ist der Held? Das ist der Krieger
    Voll erhabener Kühnheit?
JAGO *(zu Lodovico, achselzuckend)*
    Er ist, was er ist.
LODOVICO Verrate mir, was du denkst.
JAGO Es ist besser, darüber Schweigen zu bewahren.

ACHTE SZENE
Cassio kommt.

OTELLO *(der immer die Tür beobachtet hat)*
　Da kommt er! Er ist es!
　(zu Jago)
　Erforsche seine Gedanken.
　(laut zu allen)
　Meine Herren! Der Doge …
　(leise zu Desdemona)
　Gut heuchelst du die Tränen
　(laut zu allen)
　Ruft mich zurück nach Venedig.
RODRIGO (Verwünschtes Schicksal!)
OTELLO Und zu meinem Nachfolger auf Zypern
　Ernennt er den, der neben
　Meiner Fahne stand: Cassio.
JAGO *(heftig und überrascht)*
　(Tod und Hölle!)
OTELLO *(fährt fort und zeigt das Pergament)*
　Das Wort des Dogen ist unser Gesetz.
CASSIO *(verbeugt sich vor Otello)*
　Ich gehorche.
OTELLO *(hastig zu Jago, auf Cassio zeigend)*
　Siehst du? Es sieht doch nicht so aus, als ob
　Der Schurke sich freue?
JAGO Nein.
OTELLO *(wieder laut zu allen)*
　Die Schiffsbesatzung und die Kohorte
　(leise zu Desdemona)
　Heule nur weiter! …
　(zu allen)
　Und die Schiffe und das Kastell
　Überlasse ich dem Kommando des neuen Feldherrn.
LODOVICO *(weist auf Desdemona, die sich demütig nähert)*
　Otello,

Aus Barmherzigkeit, tröste sie, oder du brichst ihr das Herz!
OTELLO *(zu Lodovico und Desdemona)*
Wir segeln morgen!
(Er packt wütend Desdemona. Sie fällt zu Boden.)
(zu Desdemona)
Zu Boden! ... und weine!
(Otello hat bei seinem Ausbruch das Pergament zu Boden geworfen, Jago hebt es auf und liest heimlich. Emilia und Lodovico helfen mitleidig Desdemona.)
DESDEMONA An der Erde! Ja ... Im tiefsten
Staub ... gebrochen ... liege ich ...
Weine, der Schauder der sterbenden Seele
Läßt mich erstarren.
Und es gab einen Tag, da blühten auf meinem Lächeln
Die Hoffnung und der Kuß.
Und jetzt ... das Grauen im Gesicht
Und der Todeskampf im Herzen.
Die heitere und lebendige Sonne,
Die den Himmel und das Meer erfreut,
Kann nicht die bittern Tränen
Meines Schmerzes trocknen.
EMILIA (Diese unschuldige Frau kennt nicht die Aufwallung
Noch die Geste des Hasses.
Sie hält mit schmerzlicher Selbstbeherrschung
Den Seufzer in der Brust zurück.
Die Träne bricht sich
Stumm auf ihrem traurigen Antlitz.
Nein, wer um sie nicht weint,
Fühlt kein Mitleid im Herzen.)
RODRIGO (Für mich verdunkelt sich die Welt,
Umwölkt sich das Schicksal.
Der liebliche und blonde Engel
Schwindet aus meiner Lebensbahn.)
CASSIO (Diese Stunde ist mein Schicksal! Ein Blitz
Zeigt sie an auf meiner Lebensbahn.
Schon bietet sich der Gipfel meines Schicksals

Der hilflosen Hand dar.
Das trunkene Schicksal treibt
Die Flucht des Lebens an.
Was mich zum Himmel emporhebt,
Ist die Woge eines Orkans.)

LODOVICO *(Er schüttelt die tödliche Faust,*
Keuchend vor Wut,
Sie wendet das ätherische Antlitz
Weinend zum Himmel.
Das Erbarmen leidet mit,
Das diese Tränen sieht,
Und ein zartes Mitgefühl
Löst die Erstarrung des Herzens.)

DER CHOR *(Damen und Herren, miteinander redend)*

DAMEN Mitleid!

HERREN Geheimnis!

DAMEN Dunkle Todesangst erfaßt uns,
Lähmendes Entsetzen liegt auf uns.

HERREN Dieser schwarze Mann bringt Unheil, und ein blinder
Wahn des Todes und Schreckens wütet in ihm.

DAMEN Grausamer Anblick!

HERREN Mit den Nägeln zerreißt er sich die tobende Brust!
Die Blicke richtet er starr zu Boden.
Mit den schwarzen Fäusten fordert er den Himmel heraus,
Ein wildes Bild den steilen Pfeilen der Sonne darbietend.

DAMEN Er hat sie tief getroffen. Dieses heilige, bleiche
Liebliche Antlitz neigt sich und schweigt und weint und stirbt.
So vergießen die Engel im Himmel ihre Tränen,
Wenn der Sünder verloren am Boden liegt.

JAGO *(nähert sich Otello, der erschöpft auf einen Sessel gesunken ist)*
Ein Wort.

OTELLO Und was?

JAGO Beeile dich! Vollziehe schnellstens
Deine Rache! Die Zeit fliegt.

OTELLO Gut gesagt.

JAGO Es ist nutzlos, sich in Wut zu erschöpfen. Mach schnell!
   Behalte deinen Plan im Auge! Nur deinen Plan!
   Ich kümmere mich um Cassio. Er büßt seine Ränke.
   Die Hölle verschlingt seine ruchlose, sündige Seele!
OTELLO Wer besorgt es ihm?
JAGO Ich.
OTELLO Du?
JAGO Ich habe es geschworen.
OTELLO So sei es.
JAGO Diese Nacht wirst du Neues von ihm hören.
   (Verläßt Otello und wendet sich Rodrigo zu.)
JAGO *(ironisch zu Rodrigo)*
   Deine Träume sind morgen auf See
   Und du auf der rauhen Erde!
RODRIGO *(zu Jago)*
   Ach, wie traurig!
JAGO Ach, du Dummkopf,
   Du Dummkopf! Wenn du nur willst, kannst du hoffen.
   Los! Nimm dein Herz
   In beide Hände und hör mich an!
RODRIGO Ich höre.
JAGO Bei Morgenanbruch sticht das Schiff in See. Dann
   Befiehlt hier Cassio. Wenn ihm aber zufällig
   (berührt seinen Säbel)
   Ein Unfall zustößt …
   Dann bleibt Otello hier.
RODRIGO Düsteres Licht eines verderblichen Blitzes!
JAGO Hand an den Degen!
   In tiefer Nacht überwache ich seine Spur,
   Und ich finde den Weg und die Stunde heraus, du erledigst
                                                      den Rest.
   Ich stehe Wache für dich. Zur Jagd! Zur Jagd! Häng dir
   Den Bogen um!
RODRIGO Ja! Ich habe dir Ehre und Treue verkauft.
JAGO *(Laufe hinter dem Trugbild her! Dein schwächlicher
                                                      Verstand*

Ist längst in einen lügnerischen Traum verstrickt,
Du folgst meinem listigen und schnellen Wink,
Verblendeter Liebhaber, ich aber folge meinem Gedanken.)

RODRIGO (Die Würfel sind gefallen. Unerschrocken
erwarte ich dich,
Mein letztes Los, mein dunkles Schicksal.
Mich spornt die Liebe an, doch ein gieriger, furchtbarer
Todesstern bedroht meine Bahn.)

OTELLO (*erhebt sich, mit furchtbarer Stimme zu allen Anwesenden*)
Flieht!

ALLE Himmel!

OTELLO (*auf die Menge losstürzend*)
Flieht alle vor Otello!

JAGO (*zu allen*)
Er ist von einer bösen Magie besessen,
Die ihm den ganzen Verstand raubt.

OTELLO Wer sich nicht entfernt, ist Rebell gegen mich.

LODOVICO (*versucht, Desdemona fortzuziehen*)
Du folgst mir ...

STIMMEN (*aus dem Hintergrund*) Vivat!

DESDEMONA (*löst sich von Lodovico und läuft auf Otello zu*)
Mein Gatte!

OTELLO (*zu Desdemona, mit furchtbarer Drohung*)
Du meine Seele,
Ich verfluche dich!

ALLE Entsetzen!

(*Alle ab, bis auf Otello und Jago.*)

NEUNTE SZENE
Otello und Jago.

OTELLO Nur ich weiß mir nicht zu entfliehen! Blut! Ah!
(*immer atemloser*)
Der verfluchte
Gedanke! ... »Das liegt mir auf dem Herzen!«

(krampfhaft, fiebernd)
Sie in Umarmung sehen! ... das Taschentuch! ...
Ah!
(Fällt in Ohnmacht.)
JAGO Mein Gift arbeitet.
MÄNNERSTIMMEN UND TROMPETEN *(von außen)*
Es lebe Otello! Er lebe!
JAGO *(hört auf die Rufe)*
Das Echo des Sieges
Schmettert sein letztes Lob.
(betrachtet den leblos hingestreckten Otello)
Wer kann verbieten, daß ich in diese Stirn
Meine Ferse drücke?
MÄNNERSTIMMEN UND TROMPETEN *(von außen, doch näher)*
Es lebe, es lebe Otello! Ruhm
Dem Löwen von Venedig!
JAGO *(hochgereckt, mit einer Gebärde schrecklichen Triumphes, auf den ohnmächtigen Otello zeigend)*
Da ist der Löwe! ...
MÄNNERSTIMMEN UND TROMPETEN *(von außen)*
Vivat! Vivat!
Vivat Otello!

Ende des dritten Akts

VIERTER AKT

*Gemach der Desdemona. Bett, Betstuhl, Tisch, Spiegel, Sessel.
Eine Lampe hängt brennend vor dem Madonnenbild über
dem Betstuhl. Rechts eine Tür. Nacht.
Auf dem Tisch brennt ein Licht.*

ERSTE SZENE
Desdemona, Emilia.

EMILIA War er ruhiger?
DESDEMONA So schien es mir. Er hieß mich
  Ins Bett gehen und ihn erwarten. Emilia,
  Ich bitte dich, breite auf meinem Bett
  Mein weißes Brautkleid aus.
  (Emilia tut es.)
  Höre! Sollte ich vor dir sterben müssen,
  Bestatte mich in einem dieser Schleier.
EMILIA Vertreibt doch diese Gedanken!
DESDEMONA Ich bin so traurig.
  (Läßt sich mechanisch vor dem Spiegel nieder.)
  Meine Mutter hatte eine arme Magd,
  Die war verliebt und schön.
  Ihr Name war Barbara. Sie liebte
  Einen Mann, der sie dann verließ. Sie sang
  Ein Lied: das »Lied von der Weide«.
  (zu Emilia)
  Löse mir das Haar.
  Heute abend ist meine Erinnerung
  Voll von dieser Melodie:
  »Sie weinte singend
  Auf einsamer Heide,
  Die Traurige weinte.
  (wie eine ferne Stimme)
  O Weide! Weide! Weide!
  Sie saß und neigte

Den Kopf auf die Brust!
O Weide! Weide! Weide!
Singen wir: die Trauerweide
Wird mein Brautkranz sein.«
(zu Emilia)
Beeile dich! Bald kommt Otello.
»Die Bäche eilten zwischen Erdreich und Blumen dahin,
Das gebrochene Herz seufzte,
Und unter den Augenlidern ließ ihr das Herz
Die bittere Woge der Tränen hervorquellen.
O Weide! Weide!
(wie ein Echo)
Weide!
Singen wir: die Trauerweide
Wird mein Brautkranz sein.
Die Vögel flogen von den düsteren Zweigen herab
Dem lieblichen Gesang zu.
Und ihre Augen weinten so sehr,
Daß die Felsen sich erbarmten.«
(sie zieht einen Ring vom Finger, zu Emilia)
Hebe diesen Ring auf!
(erhebt sich)
Arme Barbara! Sie pflegte ihre Geschichte
Mit dieser einfachen Wendung zu schließen:
»Er wurde geboren zu seinem Ruhm,
Ich, um zu lieben.«
(zu Emilia)
Horch. Ich höre einen Klagelaut.
(Emilia macht einige Schritte.)
Sei still. Wer schlägt an diese Tür? …
EMILIA Es ist der Wind.
DESDEMONA »– ich, ihn zu lieben und zu sterben. Singen wir:
(wie eine ferne Stimme)
Weide! Weide! Weide!«
Emilia, lebe wohl. Wie mir die Lider brennen!
Das deutet auf Tränen voraus. Gute Nacht.

(Emilia wendet sich zum Gehen.)
Ah, Emilia, Emilia, leb wohl,
(Emilia kehrt um, und Desdemona umarmt sie.)
Emilia, leb wohl!
(Emilia geht.)

ZWEITE SZENE
Desdemona allein.

DESDEMONA *(im Betstuhl)*
Sei gegrüßt, Jungfrau Maria, du Gnadenreiche, du bist
erwählt
Unter den Bräuten und den Jungfrauen.
Gebenedeit sei die Frucht, o Gebenedeite,
Deines Mutterleibes: Jesus.
Bitte für den, der sich anbetend vor dir niederwirft,
Bitte für den Sünder, für den Schuldlosen.
Auch dem Schwachen und Unterdrückten und dem
Mächtigen,
Der gleich elend ist, zeige deine Gnade.
Bitte für den, der die Stirn unter Beleidigung
Und unter bösem Schicksal beugt.
Für uns bitte,
Immer und in der Stunde unseres Todes.
(Sie bleibt kniend, legt die Stirn auf das Betpult und wiederholt in Gedanken das Gebet; nur dessen erste und letzte Worte sind noch zu hören.)
Sei gegrüßt, Jungfrau Maria
in der Stunde des Todes. Amen.
(Sie erhebt sich und geht zu Bett.)

DRITTE SZENE
Desdemona, Otello.

(Otello tritt durch eine geheime Tür ein. Er kommt näher, legt einen Säbel auf den Tisch, verweilt vor dem Licht und überlegt, ob er es löschen soll. Betrachtet Desdemona. Löscht das Licht aus. Macht eine wütende Bewegung, geht auf das Bett zu, hält an, hebt den Vorhang und betrachtet lange die schlafende Desdemona. Er küßt sie dreimal. Desdemona erwacht bei dem letzten Kuß.)

DESDEMONA Wer ist da?
 (richtet sich auf)
 Otello?
OTELLO Ja! Hast du heute abend
 Dein Gebet gesprochen?
DESDEMONA Ich habe gebetet.
OTELLO Wenn du dich erinnerst,
 Eine Schuld auf dich geladen zu haben, erflehe sofort Gnade,
 Damit sie dir vom Himmel zuteil wird.
DESDEMONA Warum?
OTELLO Beeile dich. Ich will nicht
 Das Heil deiner Seele töten.
DESDEMONA Du sprichst vom Töten?
OTELLO Ja.
DESDEMONA Erbarmen mit mir, mein Gott!
OTELLO Amen.
DESDEMONA Und habe
 Auch du Erbarmen.
OTELLO Denke an deine Sünden.
DESDEMONA Meine Sünde ist die Liebe.
OTELLO Dafür stirbst du.
DESDEMONA Und weil ich dich liebe, tötest du mich? ...
OTELLO Du liebst Cassio.
DESDEMONA Nein! bei meiner Seele!!
OTELLO Das Taschentuch,
 Das ich dir schenkte, hast du ihm gegeben.

DESDEMONA Das ist nicht wahr!
OTELLO Ich sah es in seiner Hand.
DESDEMONA Ich habe keine Schuld!
OTELLO Gestehe!
DESDEMONA Ich schwöre!
OTELLO Hüte dich vor Meineid …
  Bedenke, daß du auf deinem Totenbett liegst.
DESDEMONA Nicht um zu sterben!
OTELLO Um sofort zu sterben!
DESDEMONA Zu Hilfe!
  Ich liebe Cassio nicht … Er soll kommen …
  Er soll sprechen.
OTELLO Stumm ist er für immer.
DESDEMONA Himmel! Tot?
OTELLO *(kalt)* Tot.
DESDEMONA Ich bin verloren! Er wurde verraten!
OTELLO *(mit Kraft)*
  Du wagst, ihn noch zu beweinen?
DESDEMONA Otello, töte mich nicht …
OTELLO Du verteidigst
  Dich umsonst.
DESDEMONA *(verzweifelt)*
  Laß mich leben …
OTELLO Nieder mit dir, falle,
  Du Dirne! …
DESDEMONA Mitleid!
OTELLO Stirb!!
DESDEMONA Laß mich
  Diese Nacht leben …
OTELLO Nein!
DESDEMONA Eine Stunde
OTELLO Nein!
DESDEMONA Einen Augenblick …
OTELLO Nein!
DESDEMONA Nur um ein Ave zu beten.
OTELLO Es ist zu spät! Es ist zu spät!

(Er drückt ihr die Kehle zu.)
DESDEMONA *(Aufschrei)* Ah!
(Draußen wird an die Tür geschlagen.)
OTELLO *(betrachtet die reglose Desdemona)*
Ruhig, ruhig wie das Grab.
(Es klopft wieder.)
EMILIA Macht auf! macht auf!
OTELLO *(umhertaumelnd)*
Wer ist da? Wer klopft?
EMILIA *(erneutes Klopfen)*
Mein Herr, ich bitte Euch,
Laßt mich mit Euch sprechen ... Macht auf!
OTELLO *(öffnet)*
Emilia, was ist geschehen?
EMILIA *(eintretend)*
Ein großes Verbrechen!
Cassio hat Rodrigo umgebracht!
OTELLO Und Cassio?
EMILIA Lebt.
OTELLO Cassio lebt!!
DESDEMONA *(vom Bett aus)*
Zu Unrecht ... zu Unrecht getötet ...
EMILIA *(läuft zum Bett)*
Wer stöhnt da? ... Entsetzlich!
DESDEMONA Ich sterbe schuldlos ...
EMILIA Großer Gott! Wer war es? Wer war es?
DESDEMONA Niemand ... ich selbst ... meinem Herrn empfehle mich
... Ich sterbe schuldlos ... Leb wohl ...
(Sie stirbt.)
OTELLO O Lügnerin! Ich habe sie getötet!
EMILIA Mörder!
OTELLO Sie war die Hure des Cassio. Frage Jago.
EMILIA Jago?!
OTELLO Jago.
EMILIA Du Tor!! Und du hast es geglaubt?

OTELLO Wagst du es zu bestreiten?
(will Emilia angreifen)
EMILIA Ich fürchte dich nicht.
OTELLO *(Er packt sie.)*
   Hüte dich!
EMILIA *(befreit sich und läuft mit verzweifeltem Schreien zur Tür)* Holla! Kommt herbei! Helft! Otello hat Desdemona ermordet!

VIERTE SZENE
*Otello, Emilia, Lodovico, Cassio, Jago,
dann Montano mit Soldaten.*

CASSIO, JAGO, LODOVICO Was für ein Schreien!
(Erblicken Desdemona.)
   Entsetzen! Entsetzen!
EMILIA *(zu Jago)*
   Jago, widerlege diesen gemeinen Mörder.
   Hast du geglaubt, Desdemona sei untreu?
   Rede!
JAGO Ich habe es geglaubt.
OTELLO Das Taschentuch,
   Das ich ihr einst gab, hat sie Cassio geschenkt.
EMILIA O allmächtiger Gott!
JAGO *(zu Emilia)*
   Sei still!
EMILIA Nein!
   Ich decke alles auf!
JAGO Sei still!
EMILIA Nein! Der da hat mir das Taschentuch mit roher Gewalt
   Aus der Hand gerissen.
CASSIO Und in meiner Wohnung
   Fand ich dieses Tuch.
MONTANO *(tritt ein und zeigt auf Jago)*
   Rodrigo hat mir im Sterben
   Die verbrecherischen Intrigen dieses Mannes enthüllt.

OTELLO *(zu Jago)*
   Ah! Rechtfertige dich!!
JAGO *(läuft hinaus)*
   Nein!
LODOVICO Halt!
MONTANO Verfolgt ihn!
CASSIO, LODOVICO Haltet ihn fest!
(Mehrere laufen Jago nach.)
OTELLO *(stürzt zum Tisch und ergreift den Säbel)*
   Und der Himmel hat keine Blitze mehr?!
LODOVICO Mir den Säbel!
OTELLO Das wagst du? Niemand soll mich fürchten,
   Auch wenn er mich bewaffnet sieht. Das ist das Ende
   Meiner Bahn … O Ruhm! Otello war.
   (Läßt den Säbel fallen, geht zum Bett und betrachtet Desdemona.)
   Und du … wie bist du bleich! und müde und stumm
                                         und schön,
   Armes Geschöpf, unter bösem Stern geboren.
   Kalt wie dein keusches Leben und aufgestiegen zum Himmel!
   Desdemona! Desdemona! Ah! … tot! tot! tot!
   (Er zieht heimlich einen Dolch aus dem Gewand.)
   Ich habe noch eine Waffe!
   (Ersticht sich.)
CASSIO Ach, haltet ein!
LODOVICO, MONTANO Unglücklicher!
OTELLO Bevor ich dich tötete … Geliebte … habe ich dich
                                         geküßt.
   Jetzt, sterbend … im Schatten … in den ich sinke …
   Einen Kuß … einen Kuß noch …, ah! noch einen Kuß …
   (Stirbt.)

                    Ende

DIE AUTOREN DER ORIGINALBEITRÄGE

PAUL MÜNCH, geboren 1941, ist seit 1984 Professor für Neuere Geschichte an der Universität Essen. In seinen Publikationen behandelt er Themen der Konfessions-, Sozial- und Kulturgeschichte der Frühen Neuzeit, neuerdings auch der Historischen Anthropologie. Seine neuesten Buchveröffentlichungen sind den frühneuzeitlichen Lebensformen und Mentalitäten, der Geschichte des 17. Jahrhunderts und dem Verhältnis von Tieren und Menschen gewidmet.

UWE SCHWEIKERT, geboren 1941. Studium der Germanistik, Musikwissenschaft und Geschichte in Göttingen und München. Promotion 1969 mit einer Arbeit über Jean Paul. Lektor in einem Stuttgarter Verlag. Neben Editionen (u. a. Rahel Varnhagen, Ludwig Tieck, Heinrich Heine, Hans Henny Jahnn) Essays, Funksendungen und Kritiken zu Literatur und Musik (darunter zahlreiche Aufsätze zur Oper des 18. bis 20. Jahrhunderts). Mitherausgeber und Mitautor des Verdi-Handbuchs (Stuttgart 2001).

LITERATURNACHWEISE

William Shakespeare, *Sonett CXVI*. Aus: Karl Kraus, Schriften. Herausgegeben von Christian Wagenknecht. Band 20: Kanonade auf Spatzen. Glossen 1920-1936 / Shakespeares Sonette. Nachdichtung. © Suhrkamp Verlag Frankfurt am Main 1994.

Uwe Schweikert, *»Eine Oper ist kein Schauspiel«*. Originalbeitrag.

Ulrich Schreiber, *Verdi und Boito*. Aus: Ulrich Schreiber, Die Kunst der Oper. Band 2: Das 19. Jahrhundert. © 1991 Büchergilde Gutenberg, Frankfurt am Main und Wien.

Giuseppe Verdi, *Aus dem Briefwechsel zu »Otello«*, Briefe an Giulio Ricordi und Domenico Morelli. Aus: Giuseppe Verdi, Briefe. Herausgegeben und übersetzt von Hans Busch. Fischer Taschenbuch Verlag, Frankfurt am Main 1979; Briefe von und an Arrigo Boito. Aus: Giuseppe Verdi, Otello. Herausgegeben von Attila Csampai und Dietmar Holland. Copyright der deutschen Übersetzung von Bruno Vondenhoff © 1981 by Rowohlt Taschenbuch Verlag GmbH, Reinbek, S. 146-151, 156-161, 166-169, 174-177.

Arrigo Boito, *Kommentiertes Personenverzeichnis zu »Otello«*. Aus: ibd.

Paul Münch, *Das »Schokoladenprojekt«*. Originalbeitrag.

Giovanni Batista Giraldi Cinzio, *Der Mohr von Venedig*. Aus: Das Novellenbuch. Dt. von Eduard von Bülow, Leipzig 1836.

Die Zeittafel erstellte Ralf Waldschmidt für dieses Buch.

Der Abdruck der wörtlichen Übersetzung des Librettos erfolgt mit Genehmigung von Karl Dietrich Gräwe.

Weiterführende Literatur

(Allgemein)
Udo Bermbach, *Verdi-Theater*, Stuttgart/Weimar 1997.
Julian Budden, *Verdi. Leben und Werk*, Stuttgart 2000.
Anselm Gerhard/Uwe Schweikert (Hrsg.), *Verdi-Handbuch*, Stuttgart/Weimar 2001.

G. N. Murphy, *A Note on Iago's Name*, in: Literature and Society, University of Nebraska Press 1964.

William Shakespeare, *Othello*, deutsch von Hans Bolte und Dieter Hamblock, Stuttgart 1985.

Christoph Schwandt, *Verdi. Eine Biographie*, Frankfurt am Main und Leipzig 2000.

Franz Werfel, Verdi. Roman der Oper, Berlin/Wien/Leipzig 1924.

Giuseppe Verdi, *Otello. Dramma lirico in quattro atti. Otello. Musikdrama in vier Akten. Textbuch Italienisch / Deutsch. Libretto von Arrigo Boito*, übersetzt und herausgegeben von Henning Mehnert, Stuttgart 1996.

Verdi – Boito. Briefwechsel, hrsg. und übersetzt von Hans Busch, Frankfurt a. M. 1986.

(zu Paul Münch, *Das »Schokoladenprojekt«*)

Arrigo Boito, *L'alfier nero*, in: Poesie e racconti, hrsg. von Rodolfo Quadrelli, Milano 1981, S. 153-170

Carl Gustav Carus, *Grundzüge einer neuen und wissenschaftlich begründeten Kranioskopie*, Stuttgart 1841.

Carl Gustav Carus, *Ueber ungleiche Befähigung der verschiedenen Menschheitsstämme für höhere geistige Entwickelung*, Leipzig 1849.

Florian Deltgen, *Der Neger im deutschen Kinder- und Jugendlied*, in: Kölner Zeitschrift für Soziologie und Sozialpsychologie 29, 1977, S. 118-136.

Imanuel Geiss, *Geschichte des Rassismus*, Frankfurt a. M. 1988.

Johann Caspar Lavater, *Physiognomische Fragmente zur Beförderung der Menschenkenntnis und Menschenliebe (1778)*, Zürich 1969.

Cesare Lombroso, *L'Uomo Delinquente*, 5. Auflage, Turin 1906.

Gina Lombroso-Ferrero, *Criminal Man according to the Classification of Cesare Lombroso (1911)*, Montclair 1972.

Peter Martin, *Schwarze Teufel, edle Mohren. Afrikaner in Bewußtsein und Geschichte der Deutschen*, Hamburg 1993.

Paul Münch, *Wie aus Menschen Weiße, Schwarze, Gelbe und*

Rote wurden. Zur Geschichte der rassistischen Ausgrenzung über die Hautfarbe, in: Ders. (Hrsg.), Fremdsein – Historische Erfahrungen (Essener Unikate 6/7, 1995), S. 87-97.

BILDNACHWEISE

Umschlagabbildung und S. 99: Museo Teatrale alla Scala
S. 105 und 106: Stadtmuseum Berlin, Archiv der Deutschen Staatsoper.
Alle weiteren Abbildungen: Archiv der Staatsoper Unter den Linden und Archiv des Insel Verlags.